KB178257

학생생활지도 비법노트

교권, 선도, 학폭 생활지도 달인되기

날아라후니쌤 김태훈 지음

학생생활지도 비법노트

발 행 | 2023년 6월 1일
저 자 | 날아라후니쌤 김태훈
펴낸이 | 한건희
펴낸곳 | 주식회사 부크크
출판사등록 | 2014.07.15.(제2014-16호)
주 소 | 서울특별시 금천구 가산디지털1로 119 SK트윈타워 A동 305호
전 화 | 1670-8316
이메일 | info@bookk.co.kr

ISBN | 979-11-410-2877-0

www.bookk.co.kr

학생생활지도 비법노트

교권, 선도, 학폭 생활지도 달인되기

날아라후니쌤 김태훈 지음

CONTENT

학교현장에 근무하는 선생님들이 가장 어려워하는 건 교과지도가 아닌 생활지도입니다. 교사이기에 교과교육과 함께 생활지도를 병행해야 합니다.

생활지도가 되지 않으면 정상적인 교육활동이 이루어지기 어렵습니다. 다른 학생들의 수업권을 박탈하는 행위가 되기도 하지요. 학생들의 인권과 선생님들의 교권은 절대 대립되는 개념이 아닙니다. 학생부 선생님들을 꾸리기 위해 업무분장을 할때부터 삐걱대는 학교들이 대부분입니다. 학생부 선생님들에게 지원할 방법을 알아보겠습니다.

업무의 경감이 필요합니다. 학교에서 누군가가 학생부에서 생활지도를 맡아서 해야한다면 지원해 주어야할 일들이 있습니다. 학생부 선생님들은 시도때도 없이 들어오는 민원을 감수해야 합니다. 문제는 수업은 수업대로, 민원은 민원대로 받아야 한다는 겁니다. 감정노동에 시달리는 경우 극심한 스트레스로 다가오기도 합니다. 격한 감정노동은 교통사고를 당했을 때와 유사한 수준의 심리적 피해가 되기도 하거든요.

수업시수 경감을 비롯한 여러가지 지원이 필요합니다. 수업에도 지장이 생길 수 있기 때문입니다. 정상적인 수업이 진행되기 어려운 경우에는 학생들에게 피해가 고스란히 돌아가게 됩니다. 학교는 교육기관입니다. 교사 본연의 역할에 충실할 수 있도록 도움을 주어야 하구요. 교육활동에 전념

할 수 있는 여러가지 지원책을 통해 학교업무를 정상화 할 수 있도록 하는 것이 필요합니다.

생활지도 업무가 기피업무가 되었다면 원인을 생각해보아야 합니다. 원인중의 하나로 적당한 보상이 없다는 겁니다. 어떤 일을 했을때에 무언가 상응하는 대가가 있어야하거든요. 학생부 선생님들은 각종 민원으로 인해 스트레스를 많이 받게되는데요. 주변의 이야기를 들어보면 맡은 업무니까 감수해야된다고 생각하는 경우가 많습니다. 승진가산점, 수당지급 등 적당한 보상을 통해 위안을 삼을 수 있는 제도를 확대시행이 필요한 시점입니다.

학생부장, 학년부장, 선도담당, 교권담당, 학교폭력 담당, 담임교사 등 생활지도를 담당하는 선생님들에게 격려와 지원을 아끼지 않아야 합니다. 학교의 질서가 바로설때 수업도 잘 이루어질 수 있습니다. 밝은 미래를 준비할 수 있는 원동력이 될 수 있구요. 서로 부족한 점은 보완해가면서 교육활동을 할 수 있도록 하는거죠. 학생들의 잘못한 점을 깨달을 수 있도록 함께 도와가며 처리해야 합니다.

저경력 선생님들과 생활지도 이야기를 해보면 학생들과 마주치는 것이 두렵다고 이야기 합니다. 학부모님이 전화를 하면 심장이 두근거렸다고 합니다. 경험이 부족해서 일수도 있지만 잘못된 제도로 인한 교육환경을 개선하려는 노력을 하지 않았기 때문입니다. 이제는 변화해야 하고 바뀌어야 합니다. 이 책이 조금이나마 도움이 되기를 바랍니다.

2023.6.1. 날아라후니쌤 김태훈

제1화 80년대생 학부모와 메타버스시대 학생들

한 때 90년생들의 특징으로 이슈가 된 적이 있었습니다. 공무원이 되기위해 노력하는 세대들에게 도전정신이 부족하다고 이야기하기도 하였습니다. 코로나19를 거친 지금의 디지털 세대는 몇 년전의 특징과는 사뭇 달라진 모습입니다. 2022년 공무원 시험의 경쟁률은 43년만에 최저치라고 합니다. 공무원시험의 경쟁률이 떨어지고 있습니다. 하는 일에 비해 월급이 적다는 이유입니다. 업무는 과중하다고 합니다. 코로나19로 자금시장의 흐름이 바뀌었습니다. 주식과 부동산에 투자하면 쉽게 벌 수 있는 세상입니다. 돈을 위해 일하고 싶어하지는 않습니다. 지금의 디지털 세대는 즐길것들은 즐기면서 일하기를 원합니다.

현재 초·중·고등학교에 다니고 있는 학생들은 부모님이 70년대부터 80년대 생입니다. 학부모님들이 원하는 학교에서는 어떤 모습일까요? 경기도교육연구원이 2020년 발표한 '1980년대생 초등학교 학부모의 특성' 연구를 살펴보겠습니다. 학교는 세대간의 공존과 참여를 위한 공간으로 생각하고, 공동체생활을 하면서 인성지도를 하는 공간으로 그리고 있습니다. 자연스럽게 선생님들과 아이들의 생활지도를 위해 소통하기를 원합니다. 학교와 선생님, 그리고 학생과 학부모간의 교육서비스를 받기위한 '거래적 계약' 관계로 생각하기도 합니다. 창의력과 재능을 발견해주기를 원하기도 합니다.

1. '아나털', '디지로그' 세대 학부모

요즘 학부모들은 디지털 미디어로 소통하는 것이 어렵지 않은 세대입니다. 아날로그와 디지털 세대를 모두 경험했습니다. '아나털' 또는 '디지로그' 세대라고도 합니다. 어렸을 적 친구들과 함께 즐기던 놀이는 이전세대와 비슷하지만 자라오면서 자연스럽게 PC를 활용한 게임을 하기 시작했습니다. 서태지와 아이들로 시작된 아이돌 문화를 보며 자라왔습니다. '이해찬' 교육부장관의 열린교육을 받은 세대도 있습니다.

가끔 밤늦게 전화로 고성과 욕설을 섞어가면서 항의를 하구요, 휴일에도 전화나 문자, 카카오톡 등을 통해 선생님들께 문의를 하기도 합니다. 본인의 아이가 부당한 대우를 받았다는 생각이 드는 경우에는 항의를 하는 것이 흔한일이 되었습니다. 특히 나이어린 선생님이나 경력이 많지 않으신 분들에게는 민원을 제기하는 일이 많아졌습니다. 이런 교육현실에 자괴감을 느끼고 교육현장을 떠나시는 선생님들도 많이 생겨났습니다. 안타까운 현실입니다.

요즘의 학부모의 특징중 긍정적인 측면도 있습니다. 학력수준이 이전 세대의 학부모들보다 대부분 향상되었습니다. 이전세대보다 합리적인 결정을 중요시 합니다. 학생들간의 학교폭력 사안해결과정에서 원인을 파악하고 서로간의 이견을 좁혀가면서 해결해나가기도 합니다. 학교폭력 사안이 발생한 순간에는 학부모의 마음이기에 감정적으로 행동하기도 하지만 시간이 지나면 합리적으로 결정하는 경우가 많습니다. 학생들의 학교교육에 주체적으로 활동하기를 원하기도 합니다. 학생생활지도에 있어 학부모와 더욱 적극적으로 소통하여야 합니다. 가정통신문이나 네이버 밴드, 페이스북, 인스타그램 등의 SNS를 활용하여 쌍방향 대화할 필요가 있습니다. 학부모님들이 적극적으로 참여할 수 있도록 준비하여야 합니다.

학부모의 특성을 파악하고 학생들의 성향을 파악하는 것이 생활지도를 할 때 도움이 됩니다. 저희 아이도 그렇지만 아이들은 학부모님들의 거울입니다. 엄마와 아빠가 하는 행동과 말투를 그대로 따라하더라구요. 학교에서 학생들의 교권, 선도, 학폭 사안이 발생했을 때 학부모님들과 적극적으로 소통할 수 있도록 준비하여야 합니다.

2. 메타버스에 살고 있는 학생들

코로나19로 거리두기를 진행하고 있을때에는 '코로나19가 종식되면 예전처럼 돌아갈수 있을거야.', '회식을 해야 진정한 사회생활이지.' 등등 별의별 생각을 하는적도 있었습니다. 과연 돌아갈 수 있을까요? 학생들 뿐만이 아니라 모든 사람들이 거리두기를 극복하기 위해 온라인으로 소통을 시작했습니다. 구글, 인스타그램, 유튜브, 페이스북, 카카오톡 등등의 플랫폼에는 우리가 무상으로 제공한 여러 가지 정보들이 수집되고 있습니다. 우리가 어떤 물건을 구입하고자 하는지 어떤 직업에 관심이 있는지 검색어를 하나만 넣었을 뿐인데 자동으로 추천을 하는 세상입니다.

학생들은 어떨까요? 이미 메타버스속에서 살고 있습니다. 우리가 상상하는 것 이상의 공간에서 친구들을 만나고 있습니다. 가상의 공간에 구축한 '메타버스'에 살고 있는 학생들입니다. 지구인들과 학생들의 교신이 필요한 사회에 살고 있습니다. 학교에 근무하고 있는 선생님들도 아이들과의 소통을 위해 메타버스로 탑승을 해야 합니다. 왜냐구요? 이미 학생들의 대부분이 타고 있으니까요. 소통을 잘 하는 선생님이 생활지도도 잘합니다.

언젠가 USB나 CD에 파일을 넣어야만 차에서 음악을 들을 수 있는 시절이 있었습니다. 이때는 저도 학생들과 나이

차이가 얼마 나지 않았죠. 삼촌뻘 정도였으니까요. 학생들과 듣는 음악이 같았습니다. 노래가 나오면 함께 흥얼거렸고 리듬을 타기도 했습니다. 지금은 초등학교 다니는 자녀들에게 요즘 아이돌들의 소식을 듣고 있습니다. 그만큼 학생들과 소통하기 어려운 상황이 되었을 수 있습니다. 시대의 흐름을 타지 못하면 더 어려워지겠지요. 지금 메타버스에 올라타야하는 이유는 학생들과 소통하기 위함입니다.

3. 메타버스 리터러시

아직까지는 생소한 단어입니다. 디지털 리터러시의 개념이 미디어를 넘어서 게임이나 산업 전반으로 확장되어 적용되기 시작했습니다. 메타버스 리터러시는 학생생활지도와 관련해서 어떤 부분을 준비해야 할까요?

첫 번째는 학생의 인터넷 중독이나 게임중독에서 벗어날 수 있도록 도움을 주어야 합니다. 매체중독으로 인해 현실세계와 가상세계를 구분하지 못하는 경우가 있습니다. 학생들은 성인들보다 자제력이 약하기 때문에 중독되는 경우 빠져나오기 어렵습니다. 메타버스를 활용하더라도 이러한 상황에 빠지지 않도록 해야 합니다. 메타버스를 활용한 생활지도 도구를 만들어 활용하면서 학교폭력예방활동, 생활지도와 선도활동을 메타버스 공간에서도 할 수 있도록 시스템을 구축하여야 합니다. 이를 위해 교육적 플랫폼을 구축할 때 메타버스 리터러시의 요소를 넣는 것이 필요합니다.

두 번째는 학생들이 메타버스를 이용하기 위해서는 최소

한의 메타버스에서 지켜야할 생활지도 요소들을 중심으로 리터러시 교육을 이수하도록 해야 합니다. 메타버스 안에서도 자신의 행동을 의식하고 조절할 수 있도록 해야 합니다. 특히 메타버스 안에서 일어나는 사이버 성폭력 등을 예방할 수 있는 안전장치를 마련해야 합니다. 무의식중에 익명성을 바탕으로 하는 행동이 다른 사람들에게 피해를 줄 수 있다는 인식을 가질 수 있도록 하는거죠. 우리가 생각하고 행동하는 모든 일들이 가상공간 안에서 이루어진다면 절제하는 방법도 교육을 해야 합니다.

세 번째는 생활지도 차원에서 잘못된 정보와 좋은 정보를 구분하는 가이드 라인을 제시해 주어야 합니다. 학생들은 메타버스 공간에서 비판적으로 보는 눈을 키워야 합니다. 제공하는 정보가 확인되지 않은 내용이 있습니다. 가짜로 만들어진 경우도 많구요. 검증되지 않은 정보도 있습니다. 이러한 과정을 통해 메타버스 안에서의 정보를 비판적으로 볼 수 있도록 도움을 주어야 합니다.

제2화 블렌디드 수업환경과

온라인 생활지도

 2000년 초반에 E-learning의 바람이 불때만 하더라도 학습환경이 온라인 플랫폼으로 변화할 거라고는 생각하지 못했습니다. 인터넷 사이트가 구축된 정도였으니까요.

 E-learning과 교실수업이 결합할 것이라는 예상은 하고 있었지만 현실화되기까지의 시간이 오래걸릴 것이라고 이야기 했습니다. E-learning은 시공간의 제약이 없습니다. 다양한 환경에서 접속이 가능하구요. 학교를 벗어나면 연령도 제한이 없기 때문에 평생학습 사회에 없어서는 안될 플랫폼이 되었습니다. 현대사회에 꼭 필요한 존재가 된거죠.

2020년 초반 코로나19로 학교 등교가 어려웠습니다. 몇 차례 학교의 등교가 연기되었구요. 고등학교는 4월말, 초등학교는 5월 중순 온라인으로 개학을 진행했습니다. 온라인 수업으로 인해 각자의 집에서 접속해서 수업을 받았었죠. 교육부에서는 온라인 수업의 유형을 3가지로 제시했습니다. 학생과 학교의 여건에 따라 실시간 쌍방향 수업, 콘텐츠 활용 수업, 과제수행 수업으로 진행을 하게 되었습니다. 온라인 수업 초기에는 아직 플랫폼이 구축되지 않았기에 원하는 시간과 장소에서 수업을 진행하는 학교들이 많았구요. 상황과 여건에 따라 조정하여 진행했습니다. 다만 학생들이 다양한 환경에 있기 때문에 수업을 설계하고 진행하는 과정에서 어려움이 발생했습니다. 평가는 어떻게 할 것인가에 관한 고민도 선생님들도 많았습니다. 모두가 처음 진행하는 상황이었으니까요. 이로인하여 학력격차가 발생하기도 하였습니다. 해결해야 할 과제가 생기게 된거죠.

온라인 개학은 '학부모 개학'이라는 신조어 까지 등장하는 상황이었습니다. 학부모님들의 고충이 많았습니다. 온라인 플랫폼에 접속할 스마트기기, 노트북, 컴퓨터를 구축하기에 바빴고, 웹캠과 마이크등의 구입이 어려운 상황이 발생하기도 했습니다. 여기에 스마트기기에 익숙하지 않은 교사들은 온라인 플랫폼의 구축과 수업영상의 생산과 보급에 안간힘을 쓰는 등 어려가지 사회적 어려움이 있었습니다.

플랫폼의 확장과 추가 구축으로 대부분의 학교에서 실시간 수업이 가능해졌습니다. 온라인 수업 환경으로 변화되는 것이 코로나19로 인하여 빨라졌다고 하는 이유입니다. 초기에는 수업 플랫폼과 자료들이 많지 않았습니다. 전국의 선생님들이 직접 수업 컨텐츠를 만들어내기 시작하였습니다. 지금은 유튜브에 검색해보아도 상당한 수준의 수업영상들을 찾아볼 수 있습니다. 대한민국 교사들의 능력은 그만큼 우수합니다. 저도 한몫을 하고 있다는 것에 감사할 따름입니다. 저도 코로나19가 아니면 절대 유튜브 채널을 운영 한다던가, 글을 쓰고, 책을 집필한다는 일은 상상하지 못했을 일입니다.

코로나19가 진행되던 초기에는 조금만 지나면 다시 예전으로 돌아갈 수 있을거라 생각했습니다. 2년 반여가 지난 지금 우리사회는 코로나19를 종식하는 출구전략을 추진하고 있습니다. 포스트코로나 시대를 준비하는 거죠. 문제는 100% 이전의 상태로는 돌아갈 수 없다는 겁니다.

거의 대부분의 사람들이 온라인 환경에 익숙해져 버렸습니다. 구글을 비롯한 온라인 환경에는 하루에도 수많은 정보들이 수집되고 있구요. 정보를 수집한 기업에서는 빅데이터를 활용하여 미래 산업을 준비하고 있는 상황입니다. 메타버스 플랫폼을 활용하기도 하구요. 교육환경에서 블렌디드 러닝은 이제 표준화된 수업모형을 만들어내게 될겁니다. 전통적인 교실수업과 온라인 환경에서의 E-learning의 조화로운 수업모형입니다. 이전의 거꾸로학습으로 도입된 적이 있었지만 온라인수업을 활용한 방법과는 사뭇 다른 느낌입니다.

1. 인공지능 챗봇의 교육적 도입

챗GPT와 같은 생성형 인공지능이 여러분야에서 활용되고 있습니다. 은행이나 인터넷 쇼핑몰 등의 다양한 분야에 활용되고 있죠. 교육용으로 활용할 수 있도록 도입하는 것도 좋습니다. 뉴스보도를 보니 학교폭력 사안처리와 관련한 챗봇을 용산경찰서에서 만들어 24시간 운영하고 있다고 합니다. 학교폭력을 담당하시는 분들의 노고를 덜어드릴 수 있는 아이템이네요.

사실 제가 소프트웨어연구회를 운영을 하고 있거든요. 2020학년도에 챗봇에 관한 내용을 선생님들과 연구하면서 생각했던 아이템이었습니다. 귀차니즘으로 차일피일 미루고 있었는데 벌써 개발이 되었군요. 전국의 학교폭력 담당교사와 생활지도를 담당하는 부장님들께 많은 도움이 될 듯 합니다. 사실 성관련한 상담일 들어오는 경우에는 말씀드리기 어려운 상황들도 많이 있거든요. '안해도 될 말을 하지는 않을까?' 하는 의심이 들기는 하지만 챗봇은 거리낌이 없을 테니 그런 면에서는 안전하기는 합니다.

가상현실과 증강현실이 교육적으로 보급되고 있습니다. 가상현실은 현실 화면에 가상으로 구축한 화면을 구현합니다. 증강현실은 현실 화면에 없는 실재감 높은 화면으로 구성하구요. 이런 방법을 활용하게 되면 학습자에 능력과 학습 속도에 맞춘 개별화교육이 가능하게 되는거죠. 챗봇으로 이러한 환경의 구축이 가능하니 학생들에게 많은 도움이 될 듯합니다. 선생님의 역할을 대신해주는 거죠. 지식전달의 측면에서만 가능합니다. 생활지도 능력도 갖추고 있으면 더 좋겠지만 말입니다.

2. 코로나19이후 교사의 역할 변화

선생님들의 역할도 약간은 변화하게 되었습니다. 지금까지는 수업을 설계하고 지도하고 수업 목표를 달성하였는지 확인하기 위해 평가하는 역할을 담당하고 있었습니다. 블렌디드러닝의 도입은 학생들이 직접 진로를 설계하는 과정을 통해 수업을 선택하여 진행할 수 있도록 할 수 있는 환경으로 변화하고 있습니다. 2015 개정교육과정 에서부터 추진하고 있는 '고교학점제'도 이러한 맥락에서 접근하고 있습니다. 이미 마이스터고와 특성화고에서는 도입되어 진행중입니다. 2025년에는 인문계고등학교까지 전면시행될 예정이구요. 2022 개정교육과정에서도 반영되어 본격적으로 진행될 예정입니다.

학교가 사라지고 선생님은 없어질 직업중에 하나라는 신문기사를 본적이 있습니다. 결론부터 이야기하면 학교는 절대 사라지지 않습니다. 왜냐구요? 학생들의 생활지도는 AI가 대신해주지 못하거든요. 교사의 역할을 지식의 전달만이 아닙니다. 생활지도도 병행해야 하는 거죠. 우리는 변화하는 환경에서의 학생 생활지도에 관하여 고민하고 적용해야 합니다. 교육환경이 과거로 돌아갈 수 없는 이유입니다.

블렌디드 러닝을 진행하는 온라인 수업중에도 생활지도는 계속 이루어져야 합니다. 그러나 수업을 진행하는 방법과 플랫폼의 개발과 보급에만 치우친 나머지 생활지도에 관한 문제점만 노출한 채 해결할 수 있는 방안에 관한 논의는 하지 못했습니다. 교실수업으로 다시 돌아간다고 하더라도 동영상이나 매체를 활용한 온라인 수업이 진행될 때 학생들간의 사이버 폭력 문제, 교사와 학생간의 교육활동 침해에 관한 문제 등은 해결해야 할 과제입니다.

온라인 수업기간에 학생들에게 수업을 들으라고 전화통화를 한 적이 있으신가요? 빈교실에 들어가서 허공에 대고 카메라를 바라보며 수업을 녹화하신 적이 있으신가요? 모두 코로나19기간에 학교현장에서 선생님들이 수업하던 방식입니다. 아이들에게 전화를 하다가 학부모님들께 민원전화를 받기도 했구요. 대부분 학생이 사정이 있거나 몸이 좋지 않은 경우, 스마트기기가 부족해서 번갈아가며 듣는 경우 등의 사정이 있었습니다. 민원을 감수해가면서까지 온라인 수업을 통해 학생들에게 지식을 전달했습니다.

지식을 전달할 때에는 피드백이 반드시 있어야 합니다. 온라인 수업 환경에서는 어떤 학생이 어느정도의 지식을 습득했는지 정확히 확인하기가 어려웠습니다. 새로운 내용을 혹시 잘못 이해하지는 않았는지 확인할 수 있는 방법이 고안되었으면 좋겠습니다.

3. 온라인 수업 환경에서의 교권침해 문제

익숙하지 않은 온라인 수업을 진행하면서 여러 가지 문제가 나타났습니다. 온라인 상에서도 교권침해가 나타나게 된

건데요. 수업을 진행하는 중에 음식을 먹는다거나 잠에들때나 입는 복장으로 수업에 참여를 하기도 했습니다. 실시간 온라인 환경에서 수업과 관계없는 화면이나 글을 올리기도 해서 수업을 방해하기도 했구요. 온라인 수업환경은 대면 수업으로 이루어지는 것과 유사하기는 합니다. 다만 직접 마주치지 않기 때문에 수업 중 선생님의 지시를 거부하는 경우도 많았구요. 욕설이나 폭언을 한다고 해도 지도를 하지 못하는 경우도 많았습니다. 특히 교사의 온라인 수업 장면을 캡쳐하여 유포를 하기도 했습니다. 교원의 연락처와 얼굴을 공개하기도한 경우도 있구요. 학생들의 걸러지지 않은 행동으로 인한 선생님들의 고충이 있었습니다.

현행 교원지위법으로 교권보호위원회를 열어서 학생에 관한 징계를 부여할 수는 있습니다. 부여한 징계가 학생에게 정당한 것인지, 교사의 수업상황을 개선할 수 있는 것인지에 관하여는 보완이 필요합니다. 대부분의 선생님이 교권침해를 당하고 있으면서도 적극적으로 처리하지는 못하고 있습니다. 명목상으로 있는 교육활동 보호 매뉴얼로는 온라인 환경에서 선생님들이 당하는 고통을 해결해주기 어렵습니다. 처리한다고 하여도 개선되는 학생들의 모습을 바로 확인하기 어렵기 때문이기도 합니다. 코로나19는 선생님들에게 온라인상의 교권침해에 관한 고민을 추가로 해야하는 과제를 남겼습니다. 수업중 성희롱을 일삼는 등의 행동에 관하여는 단호하게 처리할 수 있는 제도가 필요합니다.

4. 온라인 상에서의 생활지도

온라인 수업의 긍정적인 면도 있지만 생활지도를 하기 어렵다는 단점이 있습니다. 한 고등학교 학생이 온라인 수업이 진행되던 중에 오토바이를 타고 가다가 사망하는 사고가 있었습니다. 코로나19로 교실수업이 이루어질 수 있는 환경이 아니었기에 안타까움이 더합니다. 온라인 수업으로 인하여 여러 가지 문제가 발생하였습니다. 지식전달은 AI가 대신해줄 수 있다고 하여도 생활지도만큼은 선생님의 역할입니다.

온라인상에서 사이버 폭력 문제도 발생합니다. 온라인 환경이 거의 오프라인 환경과 유사해서 대면하지 않을 뿐이지 심리적인 충격은 거의 비슷합니다. 더군다나 직접 마주하지 못하는 환경에서는 더욱 외로움을 느낄 수도 있습니다. SNS나 인터넷을 통해 학생들간의 오해로 인한 사소한 말다툼이 학교폭력으로 접수되기도 하거든요. 학생들간의 욕설이나 상대방을 비하하는 등의 발언을 하기도 하구요. 상대방을 비난하기 위해 허위사실을 불특정 다수가 볼 수 있는 플랫폼에 게시를 하기도 합니다.

마음에 맞는 친구들끼리 단톡방안에서 다른 학생을 따돌리는 경우도 있습니다. 그런가하면 온라인상에서 야한 사진이나 동영상등을 유포해서 상대방에게 불쾌감을 주는 행동을 하기도 합니다. 이러한 사이버 폭력 또한 온라인 수업 환경에서 생활교육하는데 중점적으로 지도할 내용입니다.

제3화 디지털 리터러시

    2015 개정 교육과정부터 디지털 리터러시 교육이 보급되고 있습니다. '지식정보처리 역량'을 핵심역량으로 규정하였습니다. 디지털 미디어를 비판적으로 보아야 한다는 것이죠. 디지털 문해교육이라고도 합니다. 디지털 미디어의 내용을 선별적으로 보아야 합니다. 그런데 이 관점의 해석에 따라 정치적으로 해석되기도 하니 '어떠한 관점이 옳은지'를 해석하는 교육 정도로 해석하면 됩니다. 디지털 기술과 환경에 관한 교육을 어떻게 해야 하는지도 미래교육을 준비하는 상황에서 고려해야할 사항입니다. 미디어의 제작과 더불어

비판적 리터러시에 관해 생각해 보아야 합니다.

　학생들의 생활지도 영역에서도 디지털 리터러시 교육을 할 수 있도록 교사들에게 연수 등의 지원을 해야 합니다. 각 교과에 맞는 지도능력을 갖출 수 있도록 말입니다. 온라인 수업을 진행하는 중에도 디지털 미디어의 내용을 선별적으로 판단할 수 있도록 해야합니다. 인터넷이나 SNS에서 알려지고 있는 정보들이 모두 진짜는 아니기 때문입니다. 정보를 제공할 때에도 심도있게 관찰하고 검증하여 제공해야 합니다.

　가상세계에서 학생들의 행동은 실제와 다르기도 합니다. '멀티페르소나'라는 말을 들어보셨나요? 자아정체성이 여러 개라는 뜻입니다. 학생들이 실제공간과 가상의 공간에서 서로 다른 캐릭터를 구축하고 행동하기도 합니다. 특히 디지털 공간에서는 익명성이라는 장점을 가지고 평소와는 다른 행동을 하기도 합니다. 디지털 공간에서의 자아와 현실세계에서의 자아를 혼동하는 경우 사이버폭력으로 접수되어 처리되기도 합니다.

1. 디지털 리터러시교육의 필요성

　온라인 수업환경에서 평가를 하는 경우 해킹이 가능합니다. 반드시 보완해야 할 과제입니다. 얼마전 한 고등학생이 선생님들의 노트북 화면을 캡쳐하는 프로그램을 설치하여 학교 시험문제의 정답을 누출하는 일이 있었습니다. 구글에 검색을 몇 번만 하면 쉽게 구할 수 있습니다. 대부분의 악

성코드에는 화면 캡쳐를 할 수 있는 기능이 있습니다. 대면 수업을 진행할 때에도 학생들의 성적과 관련이 있는 평가도구의 보안은 가장 중요합니다. 학생은 상응하는 징계를 받아야 합니다. 또다른 문제가 생길 소지가 있습니다. 학생들의 부정행위로 인한 징계를 받기이전에 그런 상황이 발생하지 않도록 예방하는 것이 중요합니다.

비슷한 일이 저의 매년 반복되는 것을 보면 평가관련한 보안을 제도적으로 마련해주는 것도 필요합니다. 제도가 미비한데 상황이 발생하면 담당하는 선생님에게 문제를 추궁하기도 하기 때문입니다. 이는 디지털 리터러시 등에 관한 교육이 진행되어야 하는 이유입니다. 디지털 환경에서 소양교육을 통해 스스로 자정능력을 키워야 하는 거죠. 디지털 시대를 살아가고 있는 사회에서 디지털 시민의식을 갖추어야 합니다. 학생들과 교원들에게 각종 연수와 제도적 뒷받침을 통해 성숙한 디지털 인성교육을 위해 보완해 나가야 할 것입니다.

2. 미디어 리터러시 교육의 필요성

예전에는 방송 3사의 프로그램만 정해진 시간에 볼 수 있었습니다. 지금은 다르죠. 넷플릭스나 왓챠 등과 같은 플랫폼을 이용하기도 하구요, 유튜브에 검색만해도 보고 싶은 영상을 언제 어디서나 볼 수 있습니다. 물론 위해한 내용을 담은 경우는 연령에 제한을 두고 있기도 합니다. 드라마나 예능에서는 더 자극적이고 폭력적인 성향이 강한 프로그램을 편성합니다. 유튜브에서 그런 내용을 보고 있으면 AI 알고리즘은 비슷한 영상들을 노출해줍니다. 비슷한 영상만 보게되는거죠. '필터버블'로 인해 학생들의 사고가 편협한 세계에 갇힐 수 있습니다. 다양한 사고를 하게 해야 합니다.

다른 사람의 생각이 나와 다를 수 있다는 것을 학생들에게 알게 해주는 것이 중요합니다. 나의 입장만 맞고 다른 사람의 생각은 틀리다는 주장을 하는 경우가 의외로 많습니다. 서로의 입장은 듣지 않고 나의 주장만 합니다. 당연히 대화가 되지 않습니다. 대화라고 하는 것이 의사소통이 기본인데 내 이야기만 하니 허공에 대고 이야기하는 것과 무엇이 다를까요? 다른 사람의 의견을 충분히 듣고 반영하여 이야기를 이어나가야 소통이 됩니다.

따돌림을 하는 학생들은 피해학생들의 가짜뉴스를 퍼뜨리곤 합니다. 자신의 마음에 들지 않는 다는 이유로 말입니다. 피해학생에게 부정적인 이미지를 씌우면서 자신의 주장을 정당화해나가기도 합니다. 무분별한 뉴스를 접하게된 학생들은 퍼나르기를 시작합니다. 여기서 가장 큰 문제가 발생합니다. 뉴스를 보고 판단을 해서 진짜인지 가짜인지를 판단해야 합니다. 가짜인 이야기를 퍼 나르면 사이버 폭력의 가해자가 될 수도 있습니다.

제4화 내 아이 맞을 때 뭐했어

학교는 3월부터 다음해 2월까지가 한 해입니다. 학년도라고 합니다. 3월 1일자 인사이동을 받게되구요. 2월에 업무분장을 합니다. 한 해의 업무를 어떤일을 할지는 모든 선생님들의 관심사입니다. 대부분의 학교에서 학생부장, 학교폭력 전담교사, 생활지도 담당교사 등 생활지도를 담당하는 경우를 기피합니다. 민원이 많이 들어오기 때문입니다.

기피업무를 이야기할때 담임교사를 빼놓을 수 없습니다. 담임교사는 교과지도와 함께 생활지도 업무도 함께 진행하여야 하니 여간 힘든일이 아닙니다. 거기에 학생들의 생활기록부 작성과 매일같이 마감하여야 하는 출결관리, 현장체험학습, 결석계 등 문서관리도 포함이니까요. 학교에 문서실무사분들이나 교무행정사분들이 많은 행정처리를 도와주시고 계십니다. 교사가 할 수 밖에 없는 일들이 많이 있습니다. 또한 학교에 계시는 많은 공무직분들이 모든 교사의 업무를 맡아주실수는 없습니다. 도움을 받을 뿐이죠.

요즘 학부모님들은 학교에 많은 민원을 제기합니다. 이때 모든 자료를 검색해서 찾아옵니다. 학교폭력이 발생하면 학교폭력 사안처리 가이드북을 공부하고 옵니다. 담임교사의 업무처리가 마음에 들지 않거나 업무 메뉴얼과 다르게 행동하는 경우는 잘못된 부분에 관하여 정정하여 진행할 것을 요청합니다. 소송을 제기하고도 하구요, 교육청에 민원을 넣기도 합니다. 우리나라가 발전하면서 소득 수준이 향상되었고, 더불어 학부모님들의 교육수준이 올라갔습니다. 지금은 80년대생 학부모님들이 들어오기 시작했습니다. 치열한 경쟁속에서 살아남기 위해 몸부림치며 학창시절을 보냈고, 대학을 마치고, 일을 하기 시작했습니다. 아이가 학교에 들어가니 경쟁에서 뒤쳐지지 않기위한 노력을 합니다. 아이의 뒷바라지를 하며 대물림하기도 합니다. 친구들과의 관계에서 아이들의 마음은 상처를 입는 경우가 많습니다.

1. 학교장 자체해결제

학교폭력 처리절차 중 '학교장 자체해결제'라는 제도가 있습니다. 학교폭력이 접수가 되었더라도 피해학생과 학부모가 동의하는 경우 학폭위에 올리지 않고 학교장의 권한으로 해결하는 방법입니다. 잘 활용하면 학생들의 관계가 개선되어 이전보다 더 잘 지내기도 합니다. 보통은 동의하지 않습니다. 감정 상한 상태에 관하여 상응하는 벌을 부여해 달라고 요청합니다. 심지어 서로 피해가해학생으로 양쪽이 얽힌 경우는 학폭위로 처리해도 모두 다 피해를 보는 경우도 있는데도 말입니다. 안타깝습니다. 조금만 감정이 좋지 않아도 학교폭력으로 접수를 합니다. 사소한 말실수 하나로 진행되면 안타까운 경우가 많습니다. 조금씩만 양보하면 서로 피해보지 않고도 잘 해결할 수 있는데도 말입니다.

학교폭력 전담기구에서 경미한 경우라고 판단을 하는 경우에는 학교장 자체해결이 가능한데요. 학교폭력 예방교육을 진행할때, '학교장 자체해결제'가 가능하다는 것을 학생과 학부모님들께 적극적으로 안내하여야 합니다. 그래야 애매한 상황이 발생할 경우에 잘 이용할 수 있습니다. 일종의 노하우라고 할까요? 서로 피해를 주장하는 경우에도 양쪽 학생이 모두 생활기록부에 가해학생으로 기록될 수 있는 경우가 생기게 되는 경우가 있습니다. 그런 경우도 좋지 않은 결과를 가지고 오게될 수도 있으니 학생과 학부모님들에게 안내와 라포형성을 평소에 진행해 두는 것이 좋습니다.

2. 학부모와 학생의 민원

학생들간의 관계가 중요합니다. 한동안 코로나19로 우리는 거리두기를 배워왔고, 가르쳐 왔습니다. 사람들간의 거리두기 말입니다. 그런데 코로나19 종식이 가까워지기 시작했습니다. 거리를 두던 관계가 가까워지기 시작하니 서로의 경계가 모호해지기 시작했습니다. 마음의 경계를 넘게 되는 경우가 빈번해고 있습니다. 무례함의 경계를 넘으면 서로 싸움을 하는 지경에까지 이르게됩니다. 사람들간의 일정한 거리는 유지하되 감정을 소통하는 방법을 공유해야 합니다. 그 방법이 항상 술을 마신다거나 회식을 하는 방법일 필요는 없겠죠. 자신의 감정에 충실하되 다른 사람에게 피해를 주지 않으면 됩니다. 사회생활을 하면서 모든이에게 인정을 받는 다거나 같은 생각을 모두에게 강요하는 것 만큼 어리석은 건 없으니까요.

사람들간의 관계를 유지하면서 어디까지가 경계인지 구분하기는 어렵습니다. 정확한 것은 사람마다 다르다는 겁니다. 생각이 다른 사람들의 의견을 하나로 일치시키는 방법도 좋은 방법이지만 서로의 의견을 존중하면서 나름의 방식으로 일을 해결하는 것도 하나의 방법입니다. 우리민족은 공동체 문화를 유지하면서 사회를 유지해왔습니다. 다른 사람을 존중하며 서로를 배우며 살아왔습니다. 누군가 만들어 놓은 문물을 공유하며 살아온거죠. 사회가 발전하면서 전통적인 관계보다는 모두가 하나의 컨텐츠를 만들어내는 생산자의 역할을 하게 되었습니다. 사람들은 문화의 소비자 역할에서 생산자로 바뀌게 된겁니다. 블로그, 브런치, 페이스북 등등 이런 모든 작업들은 데이터 저장소에 새로운 컨텐츠로 바뀌어 저장됩니다.

서로의 개성이 존중되는 세상입니다. 공동체에 속하지 않는다고 지적하고 이상한 사람 취급하는 시절도 있었습니다. 사람들의 생각이 다를 수 있잖아요? 모든 사람들이 같은 생각을 하게된다면 끔찍한 결과를 낳게될 수 있습니다. AI가 모든 것을 대신한다고 하더라도 생각하는 것은 사람들과 같은 조건에서 할 수는 없습니다. 스스로 생각하는 프로그램을 만들어 낸다고 하더라도 사람들이 코딩한 거니까요.

내 아이 맞을때 뭐했는지를 묻기위해 담임교사를 고소했다는 뉴스를 보았습니다. 담임교사가 가족여행 중 있었던 일을 어떻게 알 수 있는가?하는 것이 핵심입니다. 가족여행 중이었더라도 아이가 싸움을 했다면 학교폭력 사안으로 학교에 알리는 것이 당연했을 것입니다. 담임선생님께 먼저 알려야 하구요. 학교폭력 담당 선생님께 알리는 것이 우선입니다.

학교폭력 예방교육을 학생, 학부모, 교직원을 따로 학기당 1번이상 진행하도록 되어 있습니다. 문제는 학기별로 의무적으로 진행하여야 하는 연수가 너무 많다는 겁니다. 여러 개를 한 번에 진행하는 경우도 있구요. 형식적으로 무늬만 흉내내는 경우도 많습니다. 예방교육활동의 내실화가 필요할거구요. 실제 적용이 가능한 방법에 관한 안내가 있어야 할겁니다.

학교현장에서 학생과 교사 그리고 학부모는 서로 성장하며 보완하는 관계입니다. "넌 학생이고, 난 선생이야." 라고 소리치며 지도하는 학교현장도 과거의 이야기일 뿐입니다.

지금 그렇게 지도한다면 학부모나 학생에게 아동학대로 신고당할지 모릅니다. 학교폭력의 대상이기도 하겠네요. 학생이니까요. 어느순간 학교에서 선생님들이 가지고 있던 생활지도의 권한을 사회에서 빼앗아가기 시작했습니다. 대표적인 것이 학교폭력입니다. 긍정적인 면도 분명히 존재합니다. 학교에서 자체적으로 처리하던 방식을 표준화 시킨 것입니다. 표면적으로 드러나게 된거죠.

문제는 다른곳에서 발생합니다. 사소한 것들까지도 학교폭력으로 신고를 합니다. 가해학생으로 지목된 학생은 보복성으로 자신이 피해본 내용으로 다시 신고를 합니다. 서로 소모성 논쟁만 벌입니다. 그러다가 학부모들이 나서게 됩니다. 관련학생의 학부모에게 연락처를 제공하거나 하지 않는 것이 원칙입니다. 학교폭력 사안처리를 하다보면 학부모들의 동의로 연락처를 알려드리는 경우가 있습니다. 이때 원만하게 일이 해결되게 되면 사안처리에 많은 도움이 됩니다. 그런데 그렇지 않은 경우가 있습니다. 쉽게말해 애들 싸움이 어른 싸움이 되는거죠. 학부모들끼리 감정이 상하게 됩니다. 이때에는 부모님들의 감정싸움을 넘어서서 경제력을 동원해 처리합니다. 인맥을 동원하기도 합니다. 정말 갈 때까지 가는거죠. 소송을 벌이기도 합니다. 이런 상황이 벌어지는 경우 원래의 상황은 존재하지 않습니다. 학생들끼리는 원만하게 해결하고 사이좋게 지내기도 합니다. 어른들끼리 감정싸움에 소송을 벌이니 말입니다.

모든것을 제도화하고 공식화하는 것은 도움이 되기도 하

지만 사람들간의 소모적 감정싸움을 벌이는 일로 변질될 수 있습니다. 학교폭력이라는 것으로 학생들간의 폭력이 학교의 일이 되어버렸는지는 알 수 없습니다. 학교는 교육활동이 이루어지는 공간이지 폭력이 이루어지는 공간이 아니거든요.

3. 교사의 역할 중 생활지도

교사는 교과지도와 생활지도를 함께 진행합니다. 생활지도가 되지 않으면 교과지도가 힘들어질 수도 있습니다. 왜냐구요? 수업시간에 수업을 방해하는 요소들이 많이 있습니다. 휴대폰이 울리기도 하구요, 갑자기 학생이 일어나서 돌아다니기도 합니다. 소리를 지르기도 하구요, 졸린다고 일어나더니 사물함 위에 올라가서 누워버리기도 합니다. 아예 교실바닥에 돗자리를 깔고 자기도 하구요, 수업중에 여러가지 일들이 벌어지는데 이를 통제하는 것은 교과지식이 아니라 생활지도니까요. 매년 교원들이 학생생활지도에 힘들어하며 교직을 떠납니다.

선생님이 행복한 학교를 만들기 위해 노력하는 분들이 있습니다. 저 외에도 여러분들이 계십니다. 학생과의 관계를 더 가깝게 유지할 수 있도록 새로운 방법을 찾고 함께 고민합니다. 절대 선생님들은 혼자가 아닙니다. 누군가 그래왔고 저도 그랬습니다. 항상 도움을 주는 누군가가 있습니다. 가르침과 배움의 장소에는 희망이 있어야 합니다. 그래야 미래가 보이겠죠. 때로는 어려움이 있더라도 극복하고 잘 이

겨낼 거라 확신합니다. 항상 계획을 통한 업무를 수행합니다. 검토를 받고 일을 합니다. 학기를 마칠때에는 마감일자를 정해두고 학교생활기록부 기록을 합니다. 항상 준비되어 있고, 자신있는 분야가 한 가지 이상씩은 모두 가지고 있습니다. 그렇기에 성장할 수 있는 동력이 다른 직업군에 비해 풍부합니다.

교사는 학교에서 무엇을 가르쳐야 할까요? 한동안 학생들의 인권을 너무나도 강조한 나머지 교권을 낮추어 버렸습니다. 이상하지 않으신가요? 학생들의 인권과 교사들의 교권은 상대적인 개념이 아니잖아요? 모두 존중 받아야할 소중한 권리입니다. 왜 교사들의 교권을 낮추어버렸을까요? 생활지도를 하면서 교육을 할 수 있는 권리는 학교에 있었습니다. 정확히 말하면 학교에 근무하는 선생님들에게 있었죠. 어느순간부터 정치적, 사회적으로 빼앗아가버린건 아닐까요? 그러다보니 생활지도 없는 수업을 진행하게 되고 악순환이 반복되는 겁니다.

교사로 근무하면서 학생들과 마주하는 것은 당연합니다. 거기에 학부모님과도 소통을 해야하구요. 학교폭력이 발생하게 되면 매뉴얼에 따라 움직여야 합니다. 잘 모르면 바로 직전에 업무를 맡으신 선생님에서 물어봅니다. 담당 장학사님과 상의하거나 주변의 잘 아는 분들께 조언을 구하시는 것도 좋습니다. 여러번 처리해보신 분일수록 세세한 부분까지 잘 알고 있습니다.

학교폭력 사안이라고 하는게 두부자르듯이 반듯하게 잘리

는게 것은 아닙니다. 학교급에 따라 다릅니다. 사안에 따라
다르고, 학생들 성향마다 다릅니다. 지역에 따라서도 다르
고, 업무처리 담당자의 성향에 따라서 다르기도 합니다. 같
은 사안을 두고 처음 처리하는 사람과 여러번 처리해본 사
람이 다를겁니다. 업무의 강도를 말하는 겁니다. 어려운 사
안도 쉽게 처리하는 경우가 있는가 하면, 쉬운 사안도 갈팡
질팡하다가 어렵게 처리하기도 합니다.

제5화 마주보고 카톡으로
이야기하는 아이들

    반복된 휴대폰 미제출로 인해 담임선생님과 학생 사이에 갈등이 있었습니다. 발단은 휴대폰이지만 선생님께 거짓말로 상황을 모면하려고 하였습니다. 선생님을 속였다는 것에 담임선생님도 선도위원회에서 처리를 하기로 하였습니다.

    휴대폰을 제출하지 않은 소양이의 학생선도위원회가 개최되었습니다. 소양이는 어머니와 선도위원회에 참석을 했습니다. 선생님과 있었던 상황에 관하여 반성하고 뉘우치고 있음을 선도위원회에 참석한 선생님들께 눈물을 흘리며 이야기를 했습니다.

"휴대폰이 없으면 불안해요. 선생님께 거짓말한 것은 잘못했고요. 다시는 이런 잘못하지 않을 거예요. 한 번만 봐주세요."

학생들에게 휴대폰은 분신과도 같은 존재입니다. 휴대폰이 없으면 불안증세를 느끼기도 하고, 의사소통에 어려움을 겪는 학생들도 있습니다. 아이들은 직접 만나서 이야기하는 것보다는 카톡이나 메신저로 이야기하는 것을 즐깁니다. 같은 공간에 있더라도 카톡으로 이야기하는 습관을 가진 학생들이 많습니다.

어머님도 함께 이 이야기를 들으며 선생님들께 한 번만 봐달라고 부탁을 하십니다. 소양이가 학교에 잘 다닐 수 있도록 집에서도 지도를 하겠다고 말씀하십니다. 아이가 어렸을적 심적으로 고통을 받을 만큼의 끔찍한 경험을 했다고 합니다. 그 이후 트라우마가 생겨 휴대폰을 손에서 놓지 못한다고 이야기하십니다. 지금은 세상에 계시지 않는 아버지와 휴대폰으로 이야기한다고 말입니다.

잠시 분위기가 엄숙해졌습니다. 학생선도위원회에서는 학생의 교육적인 처분을 통해 학교에 잘 적응해서 다닐 수 있도록 지도하는 것을 목적으로 합니다. 학생이 심적으로 고통받고 있는 상황이 파악되었을 경우에는 '위기관리위원회' 등에 해당 내용을 알리고 별도로 지원할 수 있는 방법을 찾아보기도 합니다.

요즘 학생들의 특징은 공평함을 이야기하는 것입니다. 다른 학생과 비교를 한다거나 공정하지 않은 대우를 받았을 때, 문제제기를 합니다. 담임선생님이 조례시간에 휴대폰을 제출하라고 하였음에도 제출하지 않는 경우입니다. 몇 차례의 반복된 요청에도 학생은 거부하였습니다. 선생님과 학생이 실랑이하고 있는 상황을 다른 학생들도 지켜보았습니다. 이런 경우에 공평하게 처리하지 않는 경우에는 곤란한 상황이 발생할 수 도 있습니다.

학교는 다른 학생들과 형평성에 문제가 되지 않으면서도 학생의 필요한 점은 찾아서 지원해주는 역할을 합니다. 일방적으로 강요하는 경우는 없습니다. 성실한 태도와 적극적인 자세로 학교생활에 임하는 것이 본인에게도 도움이 됩니다. 여기에 선생님들과의 관계도 잘 유지하는 것이 학교생활을 잘할 수 있는 방법입니다. 선생님들의 지도에 불응하거나 불손한 태도를 보이는 경우에는 예상치 못한 상황이 발생할 수도 있습니다. 학생선도위원회나 교권보호위원회에 상정되어 처리될 수 있기 때문입니다.

학교에서 학생부장이나 생활지도 담당교사의 역할은 이러한 과정을 통해 대부분의 학생들이 교칙을 준수하고 학교에서 잘 생활할 수 있도록 도움을 주는 것입니다. 긍정적인 일을 하는 것이 생산성 향상에 도움을 줍니다. 학생의 징계를 주기 위한 회의를 진행한 이후에는 힘이 빠지곤 합니다.

생활지도 담당교사, 학교폭력 책임교사, 학생부장 등을 담당하는 교사들이 대부분의 학교에서 매년 바뀌는 현실은 이러한 일들이 결코 긍정적인 일이 아니기 때문입니다. 학생들이 긍정적으로 생활할 수 있는 환경을 만들어주었으면 합니다. 더불어 선생님들도 신명 나게 학교에서 근무할 수 있도록 말입니다.

약 한 달여간 교생 선생님이 학교로 출근을 했었습니다. 학생들과 추억을 만들기 위한 선생님들의 노력이 있었지요. 교육활동을 하기 위한 여러 가지 방법을 위해 저마다의 개성과 위트로 노력하는 모습을 보았습니다. '예전에 실습을 나왔을 때 저런 모습이었겠구나.' 하는 생각도 들었습니다. 스승의 그림자도 밟지 않는다는 말이 있습니다. 지금은 적용하기 쉽지 않은 말이 되어 버렸습니다. 스승의 날이 되면 카네이션을 달아주는 행사도 하지 않은지 몇 년 된 듯합니다. 이제는 낯 부끄러운 행사가 되었습니다. 올해 스승의 날은 일요일이었습니다. 다행이라는 생각이 들었습니다. 1년간 고생하는 담임선생님에게는 '고맙습니다'라는 이야기를 하지 않는 학생들도 1달간 다녀가시는 교생 선생님에게는 '스승의 은혜' 노래를 불러주는 학생들입니다. 이런 아이러니함은 교생 선생님은 이해하기 어려운 상황일지 모릅니다.

학생들과 함께하는 소통하기 위해 노력하고 있습니다. 관계성을 바탕을 생활교육을 하기 위한 방법을 찾고 있구요. 요즘은 주로 김경일 교수님의 강의를 봅니다. 그중 하나를 소개합니다. 판다와 원숭이 그리고 바나나가 있습니다. 이중 두 개를 짝지어본다면 어떻게 짝을 지으실 건가요? 우리나라 사람들은 대부분 원숭이와 바나나를 짝짓는다고 합니다.

반면 서양인들은 다르죠. 동물은 동물과 공통점이 있으니 판다와 원숭이를 짝짓는다고 하네요. 우리나라 사람들은 관계성을 바탕으로 사회를 구성하고 있습니다.

아이유가 모델인 우리 금융의 광고를 살펴보겠습니다. 나(I)와 너(YOU) '우리'라는 표현의 광고가 있습니다. '우리'라는 공동체를 강조하는 문화와도 관계가 있습니다. 가끔은 '우리'라는 표현을 너무 많이 써서 다른 나라 사람들이 이해할 수 없는 표현도 사용합니다. '우리 아버지', '우리 와이프' 등등의 표현 말입니다. 서양사람들의 '우리' 개념은 공유의 개념이지요. 우리나라에서의 '우리'는 관계성에 기초한 개념이고요. 그렇기 때문에 다른 해석을 하게 합니다. 한동안 코로나19로 인해 관계성을 차순위로 밀어두는 거리두기를 생활화했습니다. 거리두기로 인해 느슨한 관계가 되어버렸습니다. 다시금 이전으로 회복하자는 노력이 시작되고 있습니다. 이전의 사회가 모두 좋다는 생각은 아닙니다. 사람들 간의 관계도 어느 정도의 거리두기가 필요하기 때문이죠. 그렇다고 해서 너무 멀리 떨어져 있다거나 너무 가까워서도 안됩니다. 적당한 거리가 필요한 것이죠.

다른 사람과 나의 생각이 모두 같을 수는 없습니다. 나의 생각을 강요할 필요도 없습니다. 다른 사람이 나와 다른 생각을 한다고 해서 틀린 것은 아닙니다. 다른 것이죠. 학생들에게는 다른 생각을 인정해줄 수 있는 사회를 만들어주어야 합니다. 비판적으로 사고할 수 있는 힘을 길러주어야 하고요. 때론 어려운 상황이 발생하더라도 헤쳐나갈 수 있는 능력을 키워주어야 합니다.

　사람들의 생각이 다를 수 있음에도 나의 의견은 맞고, 상대방은 틀렸다는 생각을 하기도 합니다. 나의 의견을 주입하기도 합니다. 사람들의 다양한 생각을 효율적으로 연결시킬 수 있는 방법은 없을까 고민해보고 있습니다. 학생들과 아무런 거리낌 없이 생각을 나눌 수 있는 방법이 필요합니다. 살아온 환경이 다르고, 경험도 다르고 하나의 물건을 보고 판단하는 가치관이 다르니 같은 공간에서 다른 생각을 하곤 합니다. 미래사회를 준비하는 과정에서 세대 간의 통합은 풀어야 할 과제입니다. 우리가 학교교육에 관하여 고민하는 이유는 학생들의 미래사회를 준비하기 위한 효율적인 방법을 찾기 위함이기 때문입니다. 의견의 대립으로 양분되는 것은 우리 사회의 발전을 위해 결코 바람직하지 않습니다. 다른 사람의 의견이 나와 다른 생각이라고 하면, 다른 사람은 내가 보지 못하는 시각에서 바라보는 것입니다. 새로운 시각에서 판단하고 생각하는 것은 사회 발전의 원동력입니다. 미래교육을 위해 다른 생각을 가진 사람들을 포용하고 지원해주어야 합니다.

　제가 근무하는 학교는 조례시간에 휴대폰을 제출합니다. 조금 전 점심식사를 하고 들어오는데 학생들이 복도에서 휴대폰으로 노래를 들으며 지나갑니다. 휴대폰을 담임선생님께 제출하라고 주의를 주었습니다. 그런데도 학생들은 아랑곳하지 않습니다. 지나가던 학생은 본인의 자유를 제한하지 말라고 합니다. 자유를 제한한 것이 아니라 학생들의 학습권과 선생님들의 수업권을 보장하기 위해 휴대폰을 자율적으로 제출하기로 한 것인데도 말입니다. 학생들과 선생님들은 같은 물건을 보고 다른 생각으로 접근하기도 합니다.

코로나19로 장기간 문을 닫았던 매점을 다시 열었습니다. 요즘 학생들은 현금을 소지하지 않습니다. 체크카드나 계좌이체 등으로도 계산이 가능하기 때문입니다. 현금이 없는 학생들이 매점에서 물건을 사기 위하여 휴대폰을 제출하지 않는 문제가 발생하였습니다. 학생들의 휴대폰을 수거하지 말자는 의견은 매년 제기됩니다.

대부분의 학교에서 학생들에게 도움을 주는 방향으로 생활지도를 하고 있습니다. 다만 그 행동이 다른 학생에게 방해가 되거나, 교육활동에 영향을 주는 경우는 제외하고 있습니다. 학생들의 성숙한 시민의식을 보여주면 좋겠지만 그렇지 못한 경우가 대부분입니다.

학생들의 생활지도와 관련하여 몇 가지의 주제를 꼽으라면 휴대폰은 빠질 수 없는 물건입니다. 수업시간에 휴대폰과 무선 이어폰으로 음악을 듣는 아이들도 많고요. 갑자기 울리는 휴대전화 소리에 수업이 중단되는 경우도 있습니다. 다른 사람들에게 피해를 주지 않도록 해야 함에도 절제력이 부족한 아이들의 경우는 그렇지 못합니다.

휴대폰을 수거하는 학교에서는 휴대폰으로 인하여 발생하는 2차 피해를 방지하고자 함을 목적으로 하기도 합니다. 1차 피해는 수업에 방해되는 것이죠. 2차 피해는 휴대폰으로 사이버 폭력이 일어나기도 하고요. 성폭력이 발생하기도 합니다. 이러한 일들이 일어나지 않도록 예방하기 위한 목적도 있습니다. 사안이 발생하기 전에 예방하는 것이 중요하지요. 휴대폰을 무조건 주지 말자는 것도 아닙니다.

도교육청 차원에서 모든 학교의 학생생활규정을 확인하여 개정에 관한 의견을 주석을 달아서 내려보내기도 했습니다. 국가인권위원회의 권고사항을 학생들의 생활규정에 반영하기로 한 거죠. 물론 학교 구성원의 동의를 받아야 생활규정에 적용할 수 있습니다. 학교 사정에 따라 다르지만 제가 근무하는 학교는 생활규정개정위원회와 학교운영위원회도 통과해야 되거든요. 휴대폰을 학생들이 소지하고 있을 때 수업시간에 방해를 하지 않는다면 소지해도 됩니다. 악용을 한다거나 문제가 제기될 수 있기에 수거 또는 금지를 하고 있는 거고요.

수업 중 휴대폰 사용으로 인한 선도위원회, 교권보호위원회 등은 거의 빠지지 않고 올라오는 주제입니다. 학생들에게 어떤 유인책으로 지도를 하면 평화롭게 해결할 수 있을까요?

제6화 따돌림과 교사의 역할

  학교폭력 업무를 담당하다 보면 심심치 않게 접수되는 사안이 있습니다. 따돌림과 관련한 내용인데요, 내용을 들여다보면 말로 잘 설명하기 어려운 경우가 많습니다. 당연히 글로 표현하기도 애매합니다. 옛말에 '세 명이 모여서 한 명 바보만들기 쉽다.'는 말이 절로 생각나는 상황입니다. 두 명이 일관된 주장을 하는 경우 다른 한 명은 논리적으로 설득하기 어려운 상황이 발생합니다. 피해를 받기는 했는데 말과 글로 잘 설명되지 않고 논리적 설득이 어렵게 되니 답답하기만 합니다. 이러한 상황에서 학교폭력으로 접수를 하는 경우는 십중팔구는 반대편의 입장에서 심리적 괴롭힘을 받았다고 주장하기도 합니다. 나도 피해를 받았으니 반대로 접수해달라고 요청하는거죠.

어렵습니다. 여학생들의 경우는 심리적으로 돌아서면 다시 회복하기 어려운 상황이 많이 발생합니다. 남학생들에 비해 상대적으로 그렇다는 말씀이니 오해하지는 마세요. 제가 수많은 학교폭력 사안을 보아왔지만 가장 어려운 문제 중 하나로 '따돌림'을 꼽는데는 이유가 있습니다. 학교에서 생활을 하다보면 따돌림으로 인해 피해를 받게되는 경우가 있습니다. 문제는 실체가 드러나지 않으니 증명하기가 까다롭습니다.

따돌림이란 '두 명 이상의 학생이 다른 학생을 의도적으로 배척하거나 문화를 공유하지 않는 경우'를 이야기합니다. 문화를 공유하지 않는다는 면에서 심리적 충격을 받게되는 건데요. 우리 사회가 공동체를 중시하는 문화를 바탕으로 하기 때문에 그렇습니다. 집단에서 소수만 소외되는 상황이 발생을 하는 경우에 소속감을 상실하게 되구요. 위축되기도 합니다. 다른 사람들과의 관계가 더 안좋아지기도 하구요. 거리를 더 두게 되어 악순환이 계속되는 경우가 많습니다.

1. 학생들의 입장

학교폭력 중 '따돌림'으로 접수된 가해학생의 입장을 살펴보겠습니다. 가해학생은 따돌림의 대상이 본인에게 피해를 준 상황을 이야기 합니다. 피해를 받았기 때문에 대상

학생과 놀지 않는다는 거죠. 여기에 다른 학생이 가세해서 이야기를 이어갑니다. 두 명의 이야기가 맞아들어갑니다. 이런 상황이 되면 오히려 피해를 본 학생이 '심리적으로 미약하지 않나?'라는 생각을 할 수도 있습니다.

피해학생은 어떤 입장일까요? 피해학생은 본인이 다른 학생들로 인해 피해본 사실만 기억합니다. 다른 학생들이 싫어하는 행동을 한 것에 관하여는 기억하지 못합니다. 그저 장난이었다고 이야기하기도 하구요. 의식하고 행동한 것이 아니라는 주장을 하기도 합니다. 일부러 그런 것이 아니라 이해를 해주어야 하지 않냐고 반문하기도 합니다. 이미 꼬일대로 꼬여 버렸습니다.

방관하는 학생들도 있습니다. 다른 학생들의 싸움에 끼어 보아야 나만 피곤하니 그럴 수 밖에요. 우리나라도 점점 개인주의화 되고 있습니다. 다른 사람들이 하는일이 잘하는 일이건 잘못하는 일이건 상관하지 않고 구경하는 경우가 많아졌습니다. 방관이나 구경하는 일들이 다른 문제를 발생시킬 수 있습니다. 암묵적으로 동의하는 경우로 해석될 수 있습니다. 피해학생에게는 무서운 상황이 연출될 수 있거든요. 따돌림의 가해학생들은 힘이 센 무리들이 대부분입니다. 옆에서 보고 있다가 학교폭력으로 신고를 하게된 것을 알기라도 한다면 피해를 입을 수도 있다는 생각에 방관하기도 합니다. 피해 당사자가 아닌데 신고를 하게되면 오해를 하거나, 왜곡된 내용으로 전달될 수 있습니다.

2. 따돌림에 관하여

디지털 시대의 학생들은 마땅한 놀이문화가 없습니다. 놀이를 할 시간이 없고 장소가 없습니다. 놀이를 통해 다른 사람과 의견을 합의하고 의사를 결정하는 방법을 배우기도 합니다. 그런데 그럴 시간이 없는 경우가 많습니다. 최근 학교에서 놀이를 통한 여러 가지 활동들을 하기는 하지만 사회성을 기르기에는 부족한 상황입니다.

학생들은 온라인 게임을 통해 여가시간을 즐기기도 합니다. 가상공간에서 활동을 하는거죠. 본인이 하고 싶은것만 합니다. 디지털 세대는 결과를 직관적으로 얻을 수 있는 활동을 선호합니다. 내가 원하는 것을 얻기위해 여러 가지 과정을 거치기 보다는 결과값을 바로 도출하는 거죠. 아날로그 세대와 가장 큰 차이점입니다. 이로인해 가지는 특성이 있습니다. 폭력성 짙은 온라인 게임이 주를 이루고 있습니다. 폭력적이어야 살아남습니다. 아이템을 두루갖춘 캐릭터로 성장시키기 위해 다른 사람들의 약한 캐릭터를 공격합니다. 이 과정에서 사이버폭력이 발생하기도 하는데 맥락과는 다른 내용이니 사이버폭력 부분에서 다시 다루도록 하겠습니다.

코로나19로 인하여 우리는 거리두기를 가르쳐왔습니다. 학생들은 다른 사람과 거리를 두는 것을 자연스럽게 여겨왔습니다. 이전으로 모두 돌아가기는 어렵겠지만 다시 대면하는 상황을 맞이하고 있습니다. 다른 사람들과 거리두기를 하면서 우리 모두는 공감하는 능력이 조금씩은 떨어지지 않앉나 생각해봅니다. 직접 마주하고 밥도 먹으면서 서로의 생각을 공유했습니다. 말과 글이 아니라 얼굴을 마주대고 이야기 했습니다. 표정을 읽어가며 서로의 감정을 확인하며 이야기했습니다. 약 2년여의 거리두기는 그렇게 대부분의 사람들이 공감능력치를 낮추기도 했습니다.

3. 학부모 민원에 대처하기

학생들의 학교폭력 사안과 함께 가정폭력이나 아동학대 사안들도 확인하곤 합니다. 가정폭력을 당하는 학생들은 부모님의 성향이 학생들에게 강압적 이기도 합니다. 문제는 가정폭력을 당하는 학생들이 약한 다른 학생들에게 폭력적인 성향을 보이기도 하는데서 출발합니다. 그런 학생들이 모여서 소심하고 잘 어울리지 못하는 학생을 괴롭히는 방법으로 따돌림을 선택하기도 합니다. 폭행을 한다거나 물건을 빼앗는 경우에는 바로 가정에서 알게될 테니까요. 잘 티가 나지 않으니 신고되기가 어렵고 부모님들도 알지 못하는 경우가 많습니다.

이런 경우는 학교폭력으로 접수가 되자마자 부모의 폭력성이 업무담당자에게 바로 느껴집니다. 욕설과 함께 여러 가지 이야기를 늘어놓습니다. 우리아이는 누군가에게도 피해를 준적이 없는데 알아보지도 않고 학교폭력으로 접수를 했다고도 합니다. 소리를 지르기도 합니다. "니가 뭔데 학교폭력으로 접수를 해서 우리 애를 심리적으로 압박을 주냐?" "우리애가 문제생기면 책임질거냐?" 등 여러 가지 협박성 발언들을 하기도 합니다. 학교현장에서 학교폭력 업무를 담당하다보면 별일들이 다 생깁니다.

모든 학교폭력은 발생하고 수습하는 것이 어렵습니다. 서로 상처만 입게되기 때문이죠. 가해학생은 나름의 고충이 있습니다. 피해학생은 심리적 압박감과 상실감 등에서 빠져나오기 위해 온갖노력을 기울여야 합니다. 모든 학교폭력 사안이 그렇지만 따돌림이 처리하기 가장 어렵습니다. 학생들간의 따돌림이 발생하지 않도록 예방하는 것이 가장 중요합니다.

어떤 방법으로 예방할 수 있을까요? 모든 학교에는 학교생활규정이 있습니다. 그런데 생활규정에 따돌림 방지에 관한 내용을 넣게되는 경우 문제가 발생할 소지가 있습니다. '학교폭력예방 및 대책에 관한 법률(학교폭력예방법)'에서 학교폭력 사안으로 규정되어 있기 때문입니다. 따라서 선도 처리가 아닌 학교폭력 사안으로 진행을 해야 하기 때문에 학교생활규정에 반영하는 방법은 추천하지 않습니다.

학년초에는 여러 가지 계획서를 작성합니다. 학생생활지도를 담당하는 부서에서는 관련한 내용을 하나의 계획서로 작성을 하게되는거죠. '학생생활지도와 학교폭력 예방활동 계획' 등으로 뭉뚱그려서 작성을 해야 비슷한 일을 두 번, 세 번 하지 않습니다. 학교폭력 사안에 해당하니 세부항목은 학교폭력 예방활동에 넣으면 좋겠네요. 학교폭력 예방교육은 매 학기별로 진행합니다. 교사, 학생, 학부모 각각 1회씩이니까요. 이때 꼭 따돌림과 관련한 이야기를 해주시기 바랍니다. 학교폭력 사안을 접수하는 학생과 학부모님에 따라서는 예방교육을 받지 못했다고 주장하는 경우도 있으니까요. 관련한 내용이 들어간 가정통신문을 보내는 것도 효과적인 방법입니다.

학교에는 Wee클래스가 있습니다. 상담선생님이 근무를 하시죠. 이분들과 상의해서 풀어나가는 것도 방법입니다. 다른 기관에 연계하기 이전에 학생들을 가장 잘 파악할 수 있는 분입니다. 상담을 전공하신 분들이니 어렵지 않게 따돌림에 관한 내용을 확인할 수 있는 질문지나 여러 검사도구를 구할 수 있을 겁니다. 상담선생님은 학생의 피해사실을 확인하면 바로 학교폭력 사안처리와 관련하여 관련 부서와 협조해서 진행하여야 합니다. 담임선생님과도 긴밀하게 협조를 해야하구요. 상황에 따라서는 학생의 부모님께도 자세한 사실을 알려서 추가로 발생할 수 있는 민원을 방지해야 합니다.

학부모님에 따라서는 학교에 아이의 고민을 알리고 싶지 않으시는 분들이 있을 수 있습니다. 이때는 교육지원청에 설치된 Wee센터에 의뢰를 하면 됩니다. 학교에 계신 상담선생님과 이야기를 해온 내용을 바탕으로 교육지원청에 요청을 하면 됩니다. 근무하는 교직원 분들께 학생들의 상담과 관련한 방법에 관한 연수를 요청하셔도 도움을 받을 수 있을 겁니다.

4. 담임선생님 역할의 중요성

학생부장이나 학교폭력 책임교사 분들이 학생의 부모님에게 전화를 하는 경우 거부감을 가지고 있는 부모님들도 있습니다. 정확한 사안 파악을 위해 담당 선생님과 직접 통화를 원하시는 분들도 물론 있구요. 제가 이렇게 이야기를 하는 이유는 담임 선생님의 역할이 중요하다는 겁니다. 학생들과 가장 가까운 위치에서 이야기를 나누고 있는 분이죠. 학생들이 학교에 등교하면 출석체크를 비롯해서 여러 가지 활동에 관한 내용을 파악합니다. 학교생활기록부에 기록을 하기도 하구요.

학교폭력 사안 중 따돌림 사안이 발생한 경우 특히 담임 선생님의 역할이 중요합니다. 상황에 따라서는 담임선생님이 한 쪽의 편을 들었다는 민원도 발생하기도 합니다. 학교폭력을 담당하고 있는 부서에서도 최선을 다해서 업무를 처리하지만 협조적인 체계를 유지하는 것이 필요합니다. 학교폭력이 접수되면 학교폭력 전담기구의 정확한 사안조사를 바탕으로 학폭위를 개최합니다. 요즘은 학폭위가 교육지원청에서 열리기 때문에 업무담당자가 객관적으로 확보해야할 내용도 많습니다. 학교의 처리방침과 담임선생님의 의견이 반대방향으로 치우치는 경우 크나큰 문제를 초래할 수 있거든요. 학교폭력 전담기구는 공식적으로 설치되어 운영하게 되니 믿고 협조해주시면 됩니다.

제7화 회복적 정의

어렸을적 "잘못했으면 벌을 받아야지", "잘못하면 경찰아
저씨가 잡아간다"라고 하며 문제행동을 교정하기도 하였습
니다. 이러한 정의 실현의 방식은 너무나 익숙한 방식이기
에 인식하지 못하고 있기도 합니다. 잘못한 일에관한 책임
을 묻는 방식을 '응보적 정의'라는 말로 표현하기도 합니다.
응보적 정의는 우리사회 전체에 고루 퍼져 있습니다. '정의
의 여신'을 보면 눈을 가리고 있으며, 한 손에는 저울을, 다
른 한 손에는 칼을 들고 있습니다. 공평하게 판단하기 위해
눈을 가렸습니다. 저울을 통해서는 잘못한 일에 관한 책임

을 재도록 하구요. 칼을 통해 책임을 지게 하기위해 처벌을
내린다는 상징적인 해석을 할 수 있습니다.

어떠한 상황에 관하여 처벌해달라고 하는것은 여러가지
의미가 있습니다. 피해의 내용을 객관적으로 인정해달라는
것입니다. 당사자간의 해결이 아닌 중립적인 입장에서 피해
와 가해를 구분해서 해석하는 거죠. 피해의 내용에 관한 사
과도 필요합니다. 여러가지 방법으로 심리적 감정적 문제를
해결할 수 있도록 해야 합니다. 심리적인 안정을 취하고 삶
을 살아갈 수 있도록 여러방면으로 지원해달라고 해석할 수
도 있습니다.

1. 사법만능주의와 정의의 역전

학교폭력 사안의 경우는 학생들간의 관계가 건강하지 못
해서 일어나는 경우가 많습니다. 힘의 불균형이 있기도 하
구요. 관계를 어떻게 유지해야 하는지 접근 방식을 모르는
경우도 있습니다. 특히 코로나19로 인한 거리두기는 다른
사람들과의 접촉이 줄어들게 만들었죠. 장기간의 거리두기
는 관계성에 관하여 인식이 변화되는 계기가 되었습니다.

정의 실현을 위한 방법으로 사회적 역할을 통해 중재하고
균형을 이루었던 방식이 있습니다. 현대사회에 접어들면서
사회갈등을 해결할때, 사법정의를 주로 이용하게 되었습니
다. 사법만능주의로 표현되기도 합니다. 정의실현을 위하여
가해자에게 처벌을 하는 것이 능사는 아닙니다.

정의의 역전 현상이 나타나기도 합니다. 가해자가 피해자

라고 생각하기도 합니다. 자신이 받은 처벌이 공평하지 않다고 느낍니다. 피해자의 감정을 느낄 수 있도록 할 필요가 있습니다. 가해자가 피해자의 심정을 이해하고 생각할 수 있는 기회를 제공해야 하죠.

학생들간의 관계를 건강하게 유지하기 위해서는 응보적 정의와 회복적 정의가 적절히 조화를 이루어야 합니다. 관계성에 문제가 생기지 않도록하는 예방활동에 중점을 두고 진행하는 것이 좋습니다. 상대방을 배려하며 생각할 수 있도록 기회를 제공하도록 합니다. 예방활동으로 해결되지 않는 경우는 응보적 정의를 활용하여 문제행동이 개선될 수 있도록 하는 것이 좋습니다.

2. '응보적 정의'와 '회복적 정의' 의 적용

학교에서 일어나는 다양한 문제행동이 있습니다. 교육활동 침해, 학교생활규정 위반, 학교폭력 사안등의 해결을 위한 방안을 마련해야 합니다. 특히 학교폭력 사안의 경우에는 피해관련학생과 가해관련학생이 서로 문제를 주고 받는 경우도 있습니다. 문제행동의 원인을 파악하고 어떠한 방법으로 해결할 것인지에 관한 목표를 확인해야 합니다. 정의를 위한 노력을 하기위해 어디에 초점을 맞추고 진행해야 하는지도 생각해보아야 합니다.

응보적 정의와 회복적 정의는 공동체의 회복을 목적으로 합니다. 공동체를 구성하고 유지하기 위한 수단으로 활용할 수 있도록 노력합니다. 공동체의식을 강조하는 정의를 이루기 위한 방법입니다. 다른 사람들과 함께 살아가기 위한 규칙을 만들어내기도 합니다. 다른 사람의 입장을 생각해보면서 배려하는 과정에서 공동체 회복을 위한 방안을 마련합니다.

응보적 정의와 회복적 정의는 문제행동에 관한 인식을 바로잡고 정의를 이루려고 하는 것은 같은 목적을 두고 있습니다. 여기에서 주목할 것은 정의를 구현하는 방식의 차이를 두고 있죠. 응보적 정의에서는 가해자의 처벌을 목적으로 처리하는 방식입니다. 회복적 정의는 가해자의 처벌과 함께 피해자의 회복에도 초점을 맞추고 있습니다.

응보적 정의에서 접근하지 못하는 것이 있습니다. 피해자의 심리적 치유는 외면하는 것으로 보이기도 합니다. 피해자의 피해를 회복시키기 위한 방법으로 회복적 정의를 활용합니다. 피해자에게 어떠한 상황이 발생하고 어떻게 해결할 수 있는지에 관한 가이드를 제공하면서 정의를 실현합니다.

회복적 정의는 문제행동으로 발생한 피해와 피해를 준 행위를 어떻게 해결할 것인지에 관한 생각을 하게 합니다. 처벌을 강제하는 것 보다는 피해를 예방하고, 피해자의 감정을 해결하려고 하는데 목적을 둡니다. 피해당사자와 주변에 영향을 받은 모든 사람들의 상처받은 마음을 치유할 수 있도록 합니다. 피해자에게 발생한 피해를 어떠한 방식으로 해결할 수 있을지에 관하여 고민하기도 하구요.

정의를 구현하는 방식에 응보적 정의와 회복적 정의의 두 가지 패러다임을 학교현장에서 활용하기위해 어떻게 해야 할까요? 학교폭력 상황에서는 어떻게 적용하는 것이 효율적일지 지금부터 확인해보겠습니다. 회복적 정의를 실현하기 위해 예방활동에 초점을 둡니다. 다른 사람의 입장에서 생각해보고, 공동체의식을 함양할 수 있는 다양한 활동을 합니다. 체험학습, 체육활동등의 단체활동을 통해서 다른 사람들의 생각이 나와는 다를 수 있다는 인식을 심어줍니다.

학교폭력 사안이 발생한 경우에는 기존의 응보적정의의 방식을 사용합니다. 물론 관계회복 프로그램을 진행하면서 당사자간의 해결이 되었을 경우에는 이같은 결과를 반영하여 약간의 조정을 하는 것도 방법입니다. 처벌이 모든 것을 해결해주지는 못하기 때문입니다.

학교생활규정을 안내하고 기본생활습관 형성을 위한 노력을 하고 있습니다. 이때에도 위반하는 학생들이 최소화 될 수 있도록 다양한 방법으로 예방활동을 추진합니다. 모든 사안을 예방할 수는 없습니다. 발생한 내용에 관하여 처리하고자 할때에는 응보적 정의의 방식으로 처벌을 합니다. 다른 사람들을 배려할 수 있도록 공동체의 의식을 심어줄 수 있도록 합니다.

3. '회복적 정의'의 관점에서 피해학생에게 필요한 것

학교현장에서 응보적 정의가 적용되었을때 어떠한 문제가 있을까요? 확인해보겠습니다. 피해학생의 입장에서 살펴보면 피해학생의 심리적 상처가 치유되지 못합니다. 가해학생에게 사과를 받고 싶은 욕구가 있습니다. 피해학생이 받은 상처와 같은 양의 벌을 가해학생에게 부과하면서 감정의 골은 서로 멀어질 수 밖에 없습니다. 가해학생의 경우 자신이 피해를 받았다고 생각할 수 있습니다.

응보적 정의를 실현하는 과정에서 피해학생은 피해를 받은 것에 관한 치유를 받지 못하는 경우가 많습니다. 가해학생의 처벌이 이루어지는 경우에 피해학생이 중심이 되지 못하고 처벌을 위한 처벌이 되어버리는 결과를 가지고 오기도 합니다. 결국은 서로의 감정의 골만 깊어지게 됩니다. 상대방을 서로 가해자로 인식하는 경우도 있습니다.

가해학생은 응보적 정의를 실현하는 과정에서 부과되는 벌을 받게됩니다. 사회적 고통의 총량이 늘어나게 되는거죠. 피해학생과 가해학생이 같은 양의 피해를 입었다고 한다면 사회적으로 부과되는 고통의 양은 두 배로 늘어나게 됩니다. 결코 바람직한 상황은 아닙니다.

피해학생에게 진정으로 필요한 것은 무엇일까요? 피해학생에 대한 가해학생의 진정한 사과는 서로의 차이를 인정하고 상처를 치유하는데 가장 큰 해결책입니다. 학교폭력 사안을 접수하게되면 피해학생과 가해학생은 분리하고 접촉을 가급적 하지 못하게 안내를 합니다. 2차 피해를 방지하기 위한 과정이기도 합니다. 진정한 사과를 받고 오해의 감정을 풀 수 있는 시간으로 활용할 수도 있습니다. 대부분의 경우에는 접촉을 금지하게 되면서 피해에 관한 사과를 받을 골든타임을 놓치게되는 경우가 많습니다.

학교폭력대책심의위원회에서 학교폭력 가해학생에게 선도조치를 내립니다. 서면사과부터 퇴학(고등학교만 해당)까지 가능하죠. 이러한 조치들이 피해학생의 피해를 복구하는데 활용될 수 있는지 생각해보아야 합니다. 피해학생에게 필요한 것은 상대방에게 벌을 내리는 것이 아닐 수도 있습니다. 피해학생이 받은 심리적인 상처를 치유해 주어야 하는거죠.

응보적 정의는 지금까지의 사회를 유지하며 발전하는데 많은 기여를 했습니다. 사법제도의 발전은 사회가 안정적으로 운영될 수 있게 했습니다. 모든 사회적 현상의 조정과정을 사법정의가 담당하게되면서 서로 고소, 고발이 남발하는 사회로 변질되기도 하였습니다. 이 과정에서 들어가는 사회적인 비용과 시간이 많이 소요되는 것도 단점중의 하나입니다. 그럼에도 불구하고 응보적 정의는 필요합니다.

학교폭력사안에서 '회복적 정의'의 관점에서 예방활동에 초점을 맞추어야 합니다. 이미 발생한 사안에 관하여 피해학생과 가해학생간의 대화를 통한 해결을 시도해보아야 하구요. 해결이 되지 못한다면 응보적 정의를 적용해야 합니다. 회복적 정의와 응보적 정의를 적절히 활용하여 상호 보완할 수 있도록 합니다.

4. 회복적 정의를 통한 접근을 할 때 얻을 수 있는 결과

학교폭력 관련학생들간의 만남은 더욱 어렵습니다. 피해관련학생과 가해관련학생이 서로만나서 이야기하는 것을 꺼리는 경우가 대부분이거든요. 이런 이유때문에 분리제도를 시행하기도 하고, 긴급조치로 양측을 분리하는 경우가 대부분입니다.

응보적 정의에 비해 회복적 정의를 실현하기 어려운 문제점이 있습니다. 투입된 노력과 시간에 비해 의도한 결과가 나오지 않는 경우도 있습니다. 자발적으로 참여하는 것을 전제로 진행하기 때문에 회복적 대화 모임자체가 시작되기 어려운 경우도 있구요. 회복적 정의를 통한 접근을 통해 얻을 수 있는 장점을 알아보겠습니다.

첫 번째는 공동체적인 삶에 관하여 고민할 수 있는 기회를 제공합니다. 현대사회는 개인주의적 성향이 강해져 왔습니다. 다른 사람을 의식하지 않고도 살아가는데 어려움이 없을 만큼 자신만의 생활습관에 익숙해져 있죠. 여기서 발생하는 문제입니다. 다른 사람도 나와 함께 존중받아야 하는 존재임을 인식해야 합니다. 공동체적인 삶을 통해 함께 살아가는 방법을 배워야 합니다.

학교폭력 사안이 발생했을 때를 살펴보겠습니다. 다른 학생과 의견이 다르다고 해서 배척하고 경계하는 경우가 있습니다. 함께 공동체를 구성하고 있다는 것을 기억해야 합니다. 함께 반을 구성하고 있고, 학교라는 공동체를 이루고 있다는 거죠. '우리'라는 가치를 만들어가야 합니다.

두 번째는 자발적으로 일상을 살아가는 방법을 알 수 있게 합니다. 회복적 정의를 진행하는 과정은 많은 시간과 노력이 소요됩니다. 자발적으로 참여하는 과정에서 당사자가 직접 문제를 풀어갈 수 있는 방법을 배우게 됩니다. 의견이 다소 차이가 있다고 하더라도 조율하는 과정에서 다른 사람을 배려할 수 있는 능력이 키워집니다.

피해학생과 가해학생간 의견이 다를 수 있습니다. 서로의 피해만 주장하기도 합니다. 다른 학생이 어떠한 피해를 입었는지 생각해야 합니다. 어떻게 해결하는 것이 진정한 피해를 회복하는 것인지에 관하여 고민할 수 있어야 합니다. 회복적 정의는 응보적 정의에 비하여 너무약한 처벌을 받는다고 생각할 수 있습니다. 서로간의 합의에 의하여 진정한 피해가 회복되는 것이 필요합니다. 가해학생에게 처벌을 하는 것이 피해가 회복되는 것은 아니기 때문입니다.

세 번째는 당사자간의 직접 해결이 가능합니다. 당사자간의 피해는 무엇인지 확인합니다. 서로의 의견이 다른 것은 어떤 것들이 있는지 확인하고 조율하는 과정에서 직접 해결이 가능하게 되는거죠. 같은 상황을 보더라도 느끼는 것이 다르고 생각이 다를 수 있습니다. 다른 사람의 생각과 나의 생각이 다르다는 점에서 출발합니다. 다른 생각이 행동으로 나타나는 경우를 이해하지 못하면 의견충돌이 발생하게 되거든요.

서로의 입장을 이해할 수 있도록 관계를 유지하는 방법

에 관하여 안내할 필요가 있습니다. 관계성에 관한 교육도 진행해야 하는 이유입니다. 학교폭력 사안의 당사자의 관계를 이전 상태로 돌아가기는 어렵습니다. 서로의 상처를 치유하고 재발방지를 약속하는 것이야말로 진정한 의미의 정의를 구현할 수 있습니다.

응보적 정의인 '사법정의'를 살펴보겠습니다. 잘못한 죄의 무게를 정확히 재고, 상응하는 처벌을 합니다. 회복적 정의에 비해 효율적이기도 합니다. 문제는 정의를 실현하는 것이 당사자간의 합의에 의한 것이 아닙니다. 정해놓은 규칙에 의해 중재하는 것은 진정한 피해의 회복을 위한 방법이 아닙니다.

제8화 회복적 정의의 적용

학교폭력 사안이 확인되었을때, 접수와 동시에 분리제도를 진행합니다. 학교장 긴급조치 등을 활용해서 추가로 분리하기도 하구요. 이러한 과정에서 관계를 회복시킬수 있는 요소들이 사라지고 있는 것은 아닐까 생각해봅니다. 회복적 정의를 적용해서 회복해야 할 것은 무엇인지 확인해 보겠습니다.

1. 피해회복

피해관련학생이 어떠한 피해를 얼마나 입었는지를 확인

해야 합니다. 마음의 상처는 어느정도이고, 심리적 치유과정에 필요한 요소들을 확인하여 진행합니다. 물론 가해관련학생에게 상응하는 벌을 제공하는 응보적 정의의 관점을 이용하기도 합니다. 회복적 정의에서는 피해학생과 주변을 둘러싼 공동체의 피해를 회복하기 위한 노력을 함께 진행합니다. 어느 한 쪽에만 책임을 부과하는 것이 아닙니다. 피해를 회복할 수 있도록 돕고, 진정한 공동체를 만들어가기 위함입니다.

2. 책임회복

자신의 행동으로 인하여 피해관련학생이 어떠한 피해를 입었는지 알아야 합니다. 누군가에게 무례한 행동을 하면서 생기는 문제점에 대해 생각하고 느낄 수 있어야 합니다. 상대방에게 잘못한 행동이 있다면 스스로 책임을 지는 과정을 통해 관계를 회복할 수 있도록 합니다. 책임을 전가하는 것이 아닙니다. 스스로 깨닫고 뉘우치는 과정을 통해 책임을 회복합니다.

3. 관계회복

학교폭력 사안의 피해관련학생과 가해관련학생 모두가 필요합니다. 학교폭력이 일어나기 전 상황으로 돌아가기 위한 과정이기도 합니다. 관계성의 회복을 통해 안전 욕구를 해결할 수 있기도 합니다. 관계가 틀어졌다고 해서 못본체 하고 서로를 의식하지 않고 지내게 되면 서로 불편한 관계 가 됩니다. 서로의 불편한 관계를 개선하고 편하게 지낼 수 있도록 합니다.

4. 공동체 회복

우리가 살아가는 사회에서 다른 사람의 입장에서 생각해 보고 이타성의 발현을 위한 공동체 감각을 키워나가야 합니 다. 모두가 함께 하고 공유하는 과정을 통해 감정과 감각을 여러 사람들과 함께 조화롭게 공유하는 것이 필요합니다. 더불어살아가는 사회를 구현하기 위한 방법은 전통적인 마 을 공동체를 회복시키는 것도 필요합니다. 사회가 발전하면 서 지역사회에서 마을 어른들의 역할이 바뀌었습니다. '꼰 대'의 이미지가 아닌 삶의 지혜를 배울 수 있는 어른으로서 공동체를 회복시키는 것도 필요하지 않을까 생각됩니다.

5. 정의회복

공동체를 형성하고 국가를 유지하기 위한 여러가지 관점 에서 정의회복은 가장 근본적인 문제입니다. 응보적 정의의 방법과는 접근방법이나 해결방법은 다르지만 회복적 정의의 궁극적인 목적은 정의를 회복하는 것입니다. 서로 더불어 살아가는 사회에서 진정한 정의는 무엇인지 확인해야 합니다. 공동체 전체의 이익을 위해 필요한 것은 무엇인지 확인해야 합니다. 코로나19로 인한 거리두기로 잠시 잃어버렸던 공동체 감각에 관하여 다시금 생각해보아야 하는 이유이기도 합니다.

회복적 정의의 관점에서 공동체를 구성하고 유지, 발전시키기 위한 과정을 확인하여 공동체 감각을 키워야 합니다. 공동체 감각을 통해 확인해야할 요소들은 여러가지가 있습니다. 그중에서도 관계를 형성하고 유지하며 사회를 구성하고 있는 기본적 바탕을 확인해 보아야 합니다. 사회적 합의를 이루고 있는 국가의 근본적인 구성요소에도 관계성이 기반입니다. 관계를 항상 좋게 유지할 수 있으면 좋겠지만 그렇지 못한 경우에 어떠한 방법으로 해결할지에 대해서도 함께 고민해보아야 합니다.

6. '회복적 정의'를 활용한 생활지도 방법

학교에서 선생님들은 학생들을 가르치는 역할을 합니다. 거기에 생활지도를 함께 하죠. 문제행동을 교정하기도 하고, 조언을 통해 개선을 하기도 합니다. 담임선생님들은 학급의 학생들을 관리하고 학급을 운영해나가죠. 학부모상담도 진행합니다. 학생들의 학업과 진로, 진학과 관련한 내용을 안내하구요. 문제행동이 발생했다면 진단과 피드백의 과정을 통해 학생의 바람직한 생활습관 형성을 위한 노력을 합니다.

제가 학교를 다닐때만 해도 선생님들이 수업시간에 '지시봉'이라는 개념의 막대기를 들고 다녔습니다. 유사시에 손바닥에 마사지를 해주는 용도로 활용되기도 했었죠. 체벌이 허용되던 시기가 불과 얼마전입니다. 사회적인 합의 없이 갑자기 체벌을 금지시키게 되었습니다. 학생들의 생활지도를 할 수 있는 권한도 없애버렸죠. 학교에서 교사는 학생 지도를 하다가 아동학대신고를 당하기도 합니다. 이러다보니 학생들의 생활지도를 담당하는 업무를 맡은 교사는 매년 교체되고 있습니다. 제대로된 노하우가 만들어지기도 전에 바꿔다보니 생활지도의 방향이 결정되고 있지 않습니다.

시도교육청별 생활지도의 방향이 약간씩 다르기도 합니다. 여러가지 접근 방법이 있는데 '회복적 생활교육'에 관하여 알아보겠습니다. 전통적인 체벌에 의한 생활교육방식을 '응보적정의'라고 합니다. 정확히 잘못한 일에 관한 무게를 재고, 거기에 상응하는 벌을 주는거죠. '회복적 생활교육'은 이러한 과정을 보완하는 방법으로 접근합니다. 문제행동이나 학교폭력 사안이 일어나지 않도록 예방하는데 초점을 맞추고 있으니까요. 물론 생활교육을 진행한 이후에도 개선되지 않고 문제행동이 발생되었다면 '응보적 정의'로 진행하면 됩니다. 생활지도를 하기위해 해야할 일 3가지를 알아보겠습니다.

첫 번째는 '약속하기'입니다. 학년초나 학기초에 학생들과 약속을 합니다. 학급의 규칙을 만들어봅니다. 서로의 의견을 반영하여 합의를 이끌어냅니다. 예를들면 미인정 지각, 결석, 결과로 출석부에 표시가 되는 경우에는 어떻게 할것인지 확인합니다. 수업이나 교육활동 진행시에 문제행동을 하지 않을 수 있는 방안에 관한 내용도 공유하구요. 주의해야 할 점은 학생들이 주도적으로 참여해야 합니다. 학생들의 책임감을 키워주기 위한 활동으로 활용하는거죠.

두 번째는 '생활규정 확인하기'입니다. 학교마다 학교생활 규정이 있습니다. 학교의 특성에 따라 일부항목의 차이가 있습니다. 학생들의 기본생활습관 형성과 바람직한 학교생활을 위해 만들어진 규정입니다. 수업중 해야할일들, 학생으로서 지켜야 할일들을 확인할 수 있습니다. 특히 다른 학생에게 피해를 주거나 수업을 방해하는 행동으로 수업권을 제한하는 경우에 '선도처리'대상이 될 수 있음을 안내합니다. 학생들의 자발적인 생활습관 개선을 위해 활용합니다.

세 번째는 교사와 학생이 '함께 만들어가는 학급'을 구성해야 합니다. 선생님만 주도적으로 학급관리를 하지 못합니다. 지시적인 학급운영은 요즘 학생들에게는 거부감으로 다가올 수 있습니다. 학생들에게 방향을 제시하고 주도적으로 해결할 수 있도록 합니다. 학급자치회나 학생자치회도 적절히 활용합니다. 학생들이 입학식, 체육대회, 축제, 졸업식 등의 행사를 기획하고 운영하는데 자발적으로 참여할 수 있도록 기반을 만들어 줍니다.

학생 생활지도의 새로운 패러다임이 등장하기는 했지만 적용하기 어려운 것은 사실입니다. '응보적 정의'로 해결하는 상황을 최소한으로 활용하기 위해 예방활동에 집중하여야 함을 기억해야 합니다. 사람들간의 관계형성에도 도움이 될 수 있도록 합니다. 학생들의 문제행동이 적게 나타나게 되면 자연스럽게 생활습관의 개선도 이루어집니다. '회복적 생활교육'을 적용하다가 해결하기 어려운 결과가 나타나게 되면 기존의 전통적인 방식으로 해결하도록 합니다.

제9화 관계회복 생활교육

전국 대부분의 시도교육청에서 체벌을 금지하고 회복적 생활교육, 관계중심 생활교육 등의 패러다임을 보급하고 있습니다. 물론 응보적 접근을 하지 말자는 것은 아닙니다. 기존의 방식대로 잘못한 행동에 관한 벌은 부여합니다. 최대한 이런결과를 가지고 오지 않도록 예방하는 방법으로 새로운 패러다임을 도입한 거죠. 쉽게 이야기하면 학생지도는 예방활동과 문제행동의 처벌로 나뉠 수 있습니다.

회복적 생활교육은 '회복적 정의'를 기본으로 합니다. 예방에 초점을 두죠. 피해를 회복하고 결과적으로는 관계를 회복한 것을 바탕으로 공동체 회복을 추구합니다. 학생들이 자발적으로 책임감을 가지고 생활할 수 있도록 합니다. 학년초나 학기초에 학급 규칙만들기, 존중의 약속 등과 같은 과정을 거치는 것이 필요합니다. 자신의 의견을 반영하여 생활하는데 주도권을 자신이 가지고 있는 것은 학생들에게 책임감을 가지게 하기위한 방법입니다.

응보적 정의와 회복적 정의에 관하여 어떠한 것이 옳고 그른지를 판단하는 것이 중요한 것은 아닙니다. 문제행동으로 잘못된 결과를 가지고 오면 처벌을 받고, 이러한 행동이 나타나지 않도록 예방활동도 준비한다면 결과적으로는 문제행동의 발현이 적어질 수 있습니다. 누가 어떤 피해를 입었고, 거기에 느끼는 감정은 어떠하며 이를 회복하기 위한 방안에는 어떠한 것들이 있는지 확인합니다.

회복적 정의는 문제행동을 하는 학생의 원인을 파악하고 피해학생의 감정을 생각해볼 수 있도록 합니다. 피해학생의 심리적 치유를 위한 방법입니다. 피해학생과 가해학생사이에 보고 있는 주변 사람들의 치유과정을 통해서 관계를 회복하고 나아가 학교의 공동체를 회복 하는 방법으로 활용될 수 있습니다.

1. 회복적 대화모임을 활용한 관계회복 프로그램

학교폭력 사안이 발생한 경우 사안처리방법에 따라 진

행합니다. 사안처리의 전 과정에서 피해를 회복하기 위한 관계회복 프로그램을 진행할 수 있습니다. 회복적 정의의 실천을 위한 '회복적 대화'모임을 진행하기도 합니다. 여러 가지 가능성을 열어두고 당사자간의 조정과 합의를 하는 과정입니다.

피해자와 가해자간 대면하여 대화를 가지는 모임을 '회복적 대화'모임이라고 합니다. 초기에는 피해자와 가해자간의 화해를 위한 과정으로 진행이 되었습니다. 종교적이고 너무 이상적이라는 비판을 받아 약간 보완한 형태로 진행하는 것이 보편화 되었습니다.

보편적으로 많이 사용되는 방법을 '회복적 조정'이라고 표현하기도 합니다. 화해를 포함하여 다양한 조정의 결과를 가져올 수 있습니다. 진행하는 과정에 있어 다른 사람과의 관계와 이타성을 배워나갈 수 있습니다. 피해자과 가해자간의 직접 대면한 만남이 어려울 수 있습니다. 상황에 따라서는 진행자가 서로간의 의견을 전달하고 상담을 하는 형태로 진행하기도 하죠. 이때에는 편지나 영상을 통한 만남을 진행하기도 합니다.

2. 관계회복 프로그램과 회복적 대화모임의 특성

회복적 대화모임은 자발적으로 참여하는 것을 원칙으로 합니다. 피해학생과 가해학생이 직접 만나는 경우는 또 다른 피해가 발생할 수 있습니다. 당사자간의 의견을 조율할 진행자가 필요합니다. 진행자는 다양한 상황에 대처하는 노하우가 많은 것이 좋습니다. 어느 한 쪽의 편을 들어 진행하는 것이 아닌 양측의 의견을 조율할 수 있도록 중립적인 위치에서 의견을 취합해야 하죠.

회복적 질문을 활용하여 회복적 대화모임을 진행합니다. 피해학생은 어떠한 피해를 입었고, 어떠한 방법으로 해결해 줄 수 있는지를 확인합니다. 피해학생과 가해학생의 공감을 통하여 서로 조정을 하는 과정을 거칩니다. 피해학생과 가해학생 당사자간의 존중하는 마음을 가질 수 있도록 합니다. 다양한 방법으로 조정과정을 진행하다보면 학생들간의 합의점이 도출되기도 합니다.

관계회복 프로그램은 모든 학생이 참여하지 않아도 진행이 됩니다. 피해학생과 가해학생의 양측이 동의하면 진행이 되죠. 학교폭력 사안처리의 결과에 영향을 주지는 않습니다. 다만 학생들의 학교생활을 하는데 사안발생 이전으로 학생들의 생활을 되돌리는데 초점을 맞추고 있습니다.

회복적 정의를 실천하기 위한 다양한 시도들이 있습니다. 학생들에게 서로의 의견을 존중하고 공동체의식을 가질 수 있도록 해야합니다. 메타버스 공간에서 생각하는 학생들은 사뭇 다른 방식의 생각을 하기도 합니다. 서로를 이해하고 존중하는 방법을 알려주는 것이 미래사회를 준비하는 과정임을 기억해야 합니다.

3. 회복적 정의를 활용한 서클의 진행

학생들의 관계중심 생활교육의 패러다임이 보급되고 있습니다. 회복적 정의를 활용한 학생지도 방법에는 여러가지가 있습니다. 그중에서 ´서클´ 운영에 관해 알아보려고 합니다. 사실 회복적 생활교육과 관련한 책이나 강의, 연수를 보면 거의 대부분 서클로 시작합니다. 여러가지 방법중에 하나인데 서클만 강조하는 건 아닌듯해서 글로 남기지는 않고 있었거든요.

서클은 말 그대로 원형으로 둘러앉아서 진행하는 집단상담의 일종입니다. 상담에서는 학생의 이야기를 들어주다가 가치판단을 하게 되고 조언을 해주게 됩니다. 서클에서는 학생의 이야기를 들어주면서 이해하는 과정으로 진행되죠. 다른 사람의 의견을 함께 듣는과정에서 위로받게되는 구조입니다. 다른 사람을 존중하는 마음을 가지게 되어 치유가 이루어 지기도 합니다.

서클을 운영할때에는 학급전체를 먼저 진행하기보다는 친한 친구들 위주로 소그룹형태로 먼저 진행하고 참여하는 학생들의 수를 늘리는 것이 좋습니다. 모든 학생들의 관심사를 공유하기 어렵기 때문입니다. 특히 관계를 해결하거나 문제행동에 관한 개선이 필요할때에는 관련없는 학생들이 함께하게되면 참여하는데 거부감이 생길 수도 있습니다.

서클의 종류는 크게 두 가지로 나뉠 수 있습니다. 첫 번째는 관계성에 목적을 둔 신뢰서클이 있구요, 이야기를 나누거나 축하를 위한 서클, 이해나 추모를 위한 서클도 있습니다. 두 번째는 문제해결에 초점을 맞춘 문제해결 서클이 있습니다. 갈등을 해결하고 치유하는 과정을 거치게 되는거죠.

교실서클을 운영하면 얻을 수 있는 점을 알아보겠습니다. 요즘 학생들은 SNS를 통한 소통을 많이 하게되는데 교사와 학생이 함께 어우러져서 서로의 의견을 주고 받는 과정을 통해 다른 사람을 이해하게 됩니다. 대화에 흥미가 생기게 되는거죠. 친구의 이야기를 들으며 서로의 생각을 공유하면서 공감능력도 향상됩니다. 다른 사람의 입장에서 생각하는 과정에서 심리적인 안정감을 받게 됩니다. 회복적 정의의 최종적인 목적은 '공동체 정의'의 실현입니다. 학교라는 공동체를 구성하기 위해 이러한 과정이 필요합니다.

서클을 진행할 때 필요한 것이 있습니다. '토킹스틱'이라고 하는 건데요, 이것을 소지한 사람만 이야기를 하고 다른 학생들은 들어주기만 합니다. 가치판단을 하거나 비판하지 않도록 합니다. 서클의 도입부에서 사회자는 여는 질문을 통해 분위기를 좋게 가지고 가기 위한 질문을 하기도 합니다. 서클을 마치면서의 소감도 이야기해보는 시간을 가집니다. 질문을 할때에는 학생들의 관심과 흥미가 있는지 확인하고 상황에 맞게 변형하여 진행하는 것이 좋습니다.

모든 과정은 라포형성이 되지 않으면 진행되기 어렵습니다. 서로의 마음을 이해하고 존중하는 자세로 협력해야 합니다. 서클을 진행하면서 비난하거나 비방하는 행동을 하지 않도록 해야 합니다. 자신을 돌아보고 다른 사람의 생각을 어떻게 느끼고 이해하게 되었는지도 확인합니다. 전체적인 진행과정에서 자기존중감을 가질 수 있도록 도움을 줍니다.

4. 갈등해결 서클을 운영하는 방법

학교폭력 사안을 확인하고 접수를 하게되면 일련의 절차가 진행됩니다. 이 과정에서 관계회복 프로그램의 운영을 통해 학생들간의 관계를 회복하고 개선할 수 있도록 할 수 있습니다. 여러명이 관련된 사안의 경우에는 학생과 학부모가 동의한 경우에만 진행이 가능하니 모든 학생이 참여하지 않더라도 진행될 수 있습니다.

갈등해결 서클에 관하여 알아보겠습니다. 학생들간의 학교폭력 사안과 갈등상황은 구분해주는 것이 좋습니다. 서로 피해를 보았다는 주장을 하는 경우가 있기 때문입니다. 맥락을 파악해보면 상대방 학생은 의도하지 않았는데 피해를 입었다고 주장하는 것에 불과하기도 합니다.

이러한 경우를 '꼬였다'라는 표현을 사용하기도 합니다.

꼬인 관계를 잘 풀어주어야 하는데, 잘못대처하면 헝클어져 버리는 결과가 생기기도 합니다. 시간을 가지고 천천히 원인을 파악해야 합니다. 학생들 스스로 해결 할 수 있도록 도움을 주어야 하구요. 갈등해결 서클에서는 학생들간 대화를 시작하면서 주변 학생들과 학생의 학부모도 함께 진행합니다. 공동체의식을 갖게 하기 위함입니다.

회복적 정의를 바탕으로 한 갈등해결 서클의 진행에 관하여 알아보겠습니다. 피해를 입은 학생의 입장을 이해하고 관계를 개선하는데 초점을 맞추고 있습니다. 피해 학생에게 심리적으로 힘든 내용은 어떤 것들이 있는지, 피해를 회복하기 위해 필요한 것은 무엇인지를 확인합니다. 참여하는 학생들에게 공통적으로 앞으로 비슷한 일이 생기지 않도록 하려면 어떠한 노력을 해야할 지 생각해 볼 수 있도록 합니다.

가해관련 학생에게도 확인을 합니다. 피해학생이 어떠한 피해를 입었는지 공감할 수 있도록 합니다. 어떤 이유로 하게된 행동인지, 이러한 일이 일어나게된 원인이 무엇인지 확인합니다. 피해학생에게 하고 싶은 말이나 앞으로는 어떻게 지낼 것인지도 확인합니다. 회복적 질문을 적절히 활용하여 학생들간의 관계를 개선할 수 있도록 합니다.

서클을 운영하면서 가치판단을 가급적 하지 않도록 합니다. 학생들간의 입장차를 스스로 해결할 수 있도록 도움을 주는 거죠. 어느 한 쪽으로 방향이 치우치지 않도록 중립적인 입장에서 진행하는 것이 필요합니다. 학생들이 스스로 갈등상황을 객관적으로 바라볼 수 있도록 운영하는 것이 좋습니다. 서클을 운영하면서 필요한 세가지를 알아보겠습니다.

첫 번째는 회복적 질문입니다. 회복적 질문은 피해학생의 회복에 초점을 맞추고 있습니다. "누가 이런일을 했지?"라는 질문 보다는 피해학생이 어떠한 피해를 입었는지를 먼저 확인합니다. 관련한 학생들이 관계회복을 위해 필요한 것은 무엇인지도 함께 확인합니다.

두 번째는 명료화입니다. 학생들의 이야기를 듣다보면 다른 학생의 입장은 고려하지 않고 자신의 주장만 늘어 놓는 경우가 있습니다. 교사의 입장에서는 이야기를 들어주며 키워드를 적어둡니다. 키워드를 시간순으로 나열하고 시간순으로 인과관계를 파악합니다. 갈등의 인과관계에서 원인을 해결해주고 다음 단계로 진행합니다. 이러한 과정을 거치다보면 자연스럽게 자신의 의견이 다른 학생과 다를 수 있음을 인지하게 됩니다.

세 번째는 경청과 바꾸어 말하기입니다. 모든 상담을 진행할 때에는 이야기를 적극적으로 들어주어야 합니다. 공감하면서 들어주어야 하죠. 나의 이야기를 누군가가 들어준다고 생각하면 라포형성에도 도움이 됩니다. 경청의 과정을 거친 이야기는 교사의 입장에서 다른 말로 바꾸어서 이야기 합니다. 학생들 간의 갈등상황의 객관화를 통해 이해력을 높이는데 도움을 줄 수 있습니다.

관계회복 프로그램을 진행하였다고 하더라도 학폭위의 절차는 그대로 진행됩니다. 결과에 영향을 주지는 않죠. 서로의 입장을 조율하면서 관계 개선을 위한 노력을 할 수 있습니다.

제10화 다양한 유형의 학부모

학생부에서 생활지도를 담당하게되면 다양한 유형의 학부모를 만나게 됩니다. 교권침해, 선도대상학생, 학교폭력 관련 학생 등 분야에 따라 약간의 방식은 다르지만 학부모의 유형을 정리해서 대처방법을 알아두는 것도 도움이 됩니다.

1. 담임교사나 생활지도 담당교사를 믿지못하는 경우

학교에서 학생들의 생활습관 형성에 도움을 주고자 학교생활규정을 적용합니다. 규정을 위반한 학생들은 선도위원회(생활지도위원회 등)에 상정되죠. 학부모 중의 일부는 본인의 아이만 엄격히 적용한다고 생각하는 경우도 있습니다. 학교의 정책에 관한 강한 불만을 표시하죠. 담당선생님의 학생지도나 학급운영등에 관한 간섭을 하기도 하죠. 당장 교감선생님이나 교장선생님을 만나러 오기도 하고, 교육청이나 국가인권위에 신고를 진행하기도 합니다.

교사와 학부모는 상호 의견을 존중하고 협력해야 합니다. 학생들의 교육적 성장하기 위한 관계이기 때문입니다. 교사의 성향을 모르기 때문에 한 번 실수를 하더라도 예민하게 반응하기도 합니다. 이를 예방하려면 평소에 학생과 라포형성을 위한 노력을 해야합니다.

2. 학교에 오자마자 욕을 하거나 소리지르고 난동을 부리는 경우

자녀에 관한 상황설명을 들으려하지 않고 학교에 오자마자 욕을 하시는 분들도 있습니다. 이때 소리를 지르고, 난동을 부리는 경우도 있습니다. 수시로 전화해서 수업이나 일을 방해받기도 합니다.

다른 교사들의 도움을 요청합니다. 교감선생님이나 교장선생님께 내용을 알려 대처하는 방법을 미리 구안해두는 것도 좋습니다. 담당부서의 선생님과 상의해주시구요. 필요하다면 경찰에 신고를 합니다. 교권보호위원회에 접수처리를 하여 진행을 하면 교육청에도 보고가 됩니다. 이때에는 관련한 자료를 수집하고 상담일지나 관찰일지 등을 정리해 두는 것이 교육활동 보호를 위한 절차진행에 도움이 됩니다.

3. 학생에게 수시로 찾아와서 간섭을 하는 경우

많지는 않은 경우이기는 하지만 학교에 시도때도 없이 찾아오는 학부모가 있습니다. 딱히 선생님을 만나는 것이 아니라 학생의 교실과 실습실 주변에서 학생을 관찰합니다. 자녀를 과잉보호하는 경우죠. 이런 경우는 다른 학생들에게 따돌림을 당하게될 수 도 있습니다. 학생이 친구들과의 만남에 제약을 받으니 또래집단을 형성하지 못합니다. 부모의 지나친 관심이나 집착이 학생의 문제행동으로 이어지기도 합니다.

이 경우는 학부모가 학생과 자신을 동일시하는 경향을 가지고 있는 경우가 많습니다. 교사의 부정적인 의견을 거부하는 경향을 보이기도 하죠. 평소 선생님과 학부모간의 라포형성이 필요합니다.

4. 학생의 잘못을 인정하지 않으려는 경우

학교생활규정을 위반하여 학교에서 지도를 하는 경우가 있습니다. 이때 학생의 잘못은 인정하지 않고, 선생님이 잘못한 점에 관한 이야기만 늘어놓는 경우도 있습니다. "교사의 지도가 다른 의도가 있다.", "우리아이만 불이익을 준다."

등의 이유를 늘어놓기도 합니다. 학생의 잘못으로 인한 상담의 자리에서 이를 인정하지 않고, 다른 이야기로 화제를 전환하려고 하기도 합니다.

모든 학부모들에게는 지시적으로 이야기하지 않아야 합니다. 제안의 형태로 제시해야 하죠. 평소의 학생과 학부모에게 라포형성이 될 수 있도록 전화, SNS, 가정통신문 등 다양한 형태로 소통을 합니다. 칭찬과 격려를 통하여 학생에게 관심을 가지고 지도하고 있음을 알리는 거죠. 긍정적인 변화과정도 함께 안내를 하여 안심시키는 것도 필요합니다.

5. 학생의 심리치료를 거부하는 경우

학생의 자살시도나 심리적 질환과 관련한 문제행동이 확인되는 경우가 있습니다. 담당선생님이 잘 모르고 아이를 판단한다고 인식하는 경우가 많습니다. 불쾌감을 드러내며 항의를 하기도 하죠. 선생님이 학생을 대하는 태도를 문제 삼기도 합니다.

학생의 상태를 정확히 파악할 수 있도록 안내합니다. 다양한 경우에 활용할 수 있도록 학생에 관한 관찰일지나 상담일지를 남겨두는 것이 좋습니다. 자살시도 등의 위기 학생에 관한 대처는 학교에서는 '위기관리위원회'를 개최해서 관리합니다. 학생의 학교생활을 적극적으로 도와주기 위한 시도를 합니다. 또한 교육지원청이나 교육청 단위의 Wee프로젝트를 통한 연계지도를 통해 도움을 줄 수 있음을 안내합니다.

6. 학생이 이야기하는대로 따라가는 학부모

이 경우는 학부모보다 위에서 행동하고 있는 학생의 모습을 보시게 됩니다. 학부모의 권위를 찾아볼 수 없죠. 심지어 담배를 사준다거나 깜지 같은 숙제를 대신해주는 등 이해할 수 없는 상황을 마주하기도 합니다. 학교생활규정을 위반한 경우에 선도위원회에 상정된다고 해도 학생은 자신이 하고 싶은대로 한다거나, 오히려 지도를 하는 선생님께 "마음대로 하세요.", "뭐가잘못된거냐구요". "내가내맘대로 한다는데.." 등 큰소리를 치기도 합니다.

학생이 잘못한 경우에 지적을 하고 바람직한 방향으로 개선될 수 있도록 가정에서도 학부모님들이 함께 해주어야 하는데 그렇지 못한 경우가 대부분입니다. 어느 학생이나 공평함을 느낄 수 있도록 지도해야 합니다. 일관된 원칙을 적용해야하죠. 교사의 입장에서는 학생과 학부모를 같은 장소에서 상담을 진행하면서 학부모와 학생간의 관계의 재설정이 필요하다는 것을 안내할 필요가 있습니다.

7. 경제적인 이유로 통제하지 못하는 학부모

몸이 불편해서 일을 하지 못하시는 학부모님도 있습니다.

대부분 경제적으로 힘든 경우입니다. 그렇다보니 학생을 직접적으로 지도하지 못합니다. 학부모님이 몸이 불편하신 경우에는 학생이 정신적으로 빠르게 성숙하기도 합니다. 집안 일이나 아르바이트 등으로 생계를 꾸리기도 하구요. 엇나가는 경우도 있습니다. 또래아이들과 일탈을 하더라도 학부모님이 통제하지 못하는 경우도 있거든요.

경제적으로 도움이 될 수 있도록 주민센터와 연계를 진행하기도 하구요. 아침밥먹기, 반찬제공 등 복지를 통한 방법을 제공하기도 합니다. 학부모가 직접적인 학부모 역할을 하지 못하는 경우도 있습니다. 이럴때에는 조부모나 친척들과 연계해서 학생을 지도하기도 합니다. 많지 않은 경우지만 학생이 부모의 화풀이를 받아주고 있기도 합니다. 아동학대를 당하고 있는 것이 확인되면 절차에 따라 진행하여야 합니다. 교사는 아동학대 신고의무자니까요.

8. 학교교육과 교사를 무시하는 학부모

학생이 학원의 일정이나 숙제를 하기위해 학교를 다니는 경우도 있습니다. 주객이 전도되었다는 표현이 맞을 듯합니다. 특성화고에 근무하다보면 학교교육을 무시하는 학부모들도 만나게됩니다. 자녀가 필요에 의해서 다니고 있는 학교를 무시하다니요. 특성화고에 근무하는 선생님들도 "출신 성분이 안좋다"는 이야기도 하구요. "그러니까 이 학교에 근무하는거"라고 이야기하기도 합니다. 대응할 필요도 없지만, 실업계라고 불리기도 했던 특성화고나 직업계고에 대한 좋지 않은 인식은 쉽게 바뀌지 않네요.

학부모들마다 인생의 목표를 어디에 두느냐에 따라 관심사가 다르기도 합니다. 직접적인 지적을 하는 것은 또다른 문제를 만들어낼 수 있죠. 관심사를 다른 방향으로 전환하여 상담을 진행하는 것이 좋습니다. 학생의 문제행동과 관련한 이야기만 상담으로 진행하도록 합니다.

제11화 학부모 상담

　초임시절이나 임용된지 얼마되지 않은경우 학부모와 상담을 하는 것이 두렵기도 합니다. '어떤말을 해야하지?', '이렇게 말하면 어떤반응일까?' 이런 걱정을 하기도 하구요, 일부 학부모는 나이가 어려보이면 반말로 이야기하기도 하구요, 험악한 표정이나 말투로 당황스러운 분위기를 만들기도 합니다.

　학부모와 교사는 학생의 교육적 성장을 위해 함께 조력하여야 하는 관계입니다. 보통 문제행동이 발생하면 학교에서 학부모와 상담을 진행합니다. 그러다보니 학생부장이나 생활지도 담당교사가 학부모님께 연락을 하면 놀라시는 분들도 있습니다. 거부감을 가지기도 하구요. 제가 담임선생님께 이런 내용으로 연락해주세요 라고 부탁을 하는 경우가 있는데 학생부장이 직접 연락을 하는 경우에 이런 반응을 보이시는 분들이 있기 때문입니다.

학부모님과 상담을 진행할 때에는 어떠한 목적을 가지고 진행을 하는지, 어떻게 진행되는지를 약속하고 진행하여야 합니다. 주로 학생의 교육적 성장에 관한 이야기를 하죠. 어느 상담과 마찬가지로 긍정적인 이야기로 시작을 하는 것이 좋습니다. 변화가 필요한 문제행동에 대해서도 이야기를 하기도 하죠. 학생과 학부모가 함께 이야기를 하는 것도 필요합니다. 학생의 문제가 무엇인지 확인할 수 있도록 말입니다.

학생의 문제를 교사의 입장에서 바라보는 방향과 학부모의 관점이 다를 수도 있습니다. 상황에 따라서는 의견충돌이 생길수도 있으니 평소 학생과 라포를 형성해두는 것이 좋습니다. 학부모님과도 자주 전화통화나 SNS를 활용하여 학생들의 변화와 성과등을 함께 공유하는 것이 좋습니다.

학부모 상담을 할때 학생이 가지게되는 문제해결에 초점을 맞추어야 합니다. 이때 학부모의 입장에서 학생에게 지도했던 내용이나 방법을 확인하여 진행하는 것도 좋습니다. 문제해결을 위한 해결책을 미리 사용해 보았다면 약간 수정하여 진행하거나 새로운 방법으로 진행하도록 하는게 좋죠. 이때 학부모가 받아들이는데 거부감이 들지 않도록 제안하는 형태로 이야기를 합니다. 학부모의 기대가 학생에게 적용하는데 어려움이 있으면 교사의 입장에서 도와줄 수 있도록 합니다.

학부모상담에 적극적으로 참여하시는 분들은 자녀교육에 관심이 많으신 분들입니다. 교사는 학부모에게 학생의 성장에 필요한 자료를 제공하고, 가정과 학교에서 함께 노력할 수 있도록 해야합니다.

1. 학부모 상담 방법과 주의할점

학생의 문제행동이 발생하여 학부모 상담을 진행할때, 학생의 문제를 학부모가 평가받는 느낌이 들게하면 거부감을 가지고 상황을 모면하려려는 학부모들이 있습니다. 상담을 진행하는 선생님을 곤란한 상황으로 몰고가기도 합니다. 많지 않은 경우지만 학부모가 교사에게 소리를 크게내고 윽박지르거나 욕을 하기도 하고 험악한 표정이나 말로 협박 하기도 합니다. 혹시 필요하다면 동료선생님께 도움을 청하거나 경찰에 신고하여 진행하기도 합니다.

담임교사는 평소 학교생활을 하면서 학생들의 관찰일지나 상담일지를 학생별로 만들어서 기록해두어야 합니다. 잘한 점과 성장하는 과정을 기록하기도 하고, 문제행동의 과정을 파악하고 학생의 생각을 기록합니다. 학생에 관한 관심을 확인하여 기록해두면 자연스럽게 학부모 상담에도 활용하기 쉽습니다. 학생에 관한 관심으로 기록한 자료는 학생의 부모님과 상담할때에도 설득력있고, 진정성있게 다가갈 수 있습니다.

상담을 진행할 때에는 개인적인 문제에 관하여 보호받는다는 느낌이 들도록 별도의 장소에서 진행합니다. 미리 시간과 장소를 결정하고 진행하는 것이 좋습니다. 학부모와 교사는 학생의 교육적 성장을 위해 협력해야 하는 관계임을 느낄 수 있도록 이야기를 하는 것이 필요하구요.

학부모와 교사는 학생의 교육적 성장을 위한 협력적 동반자 관계입니다. 지속적으로 학생의 성장에 도움을 줄 수 있도록 전화나 이메일, 밴드 등의 SNS를 활용한 소통을 진행하는 것이 좋습니다. 평소의 라포형성이 문제행동이 발생했을때 처리하는데 많은 도움을 줄 수 있기 때문입니다.

모든 상담은 시작할때부터 문제행동이나 부정적인 면에 관한 내용을 말하지 않습니다. 긍정적인 면을 제시하죠. 잘했던 일, 개선되어 좋은 일들을 먼저 제시합니다. 일종의 라포형성과정으로 볼 수 있습니다. 이후에 문제행동에 관한 이야기를 진행합니다. 학부모의 입장에서는 긍정적인 면과 함께 부정적인 면을 받아들이게 되니 거부감이 덜하게됩니다.

평소기록한 관찰일지나 상담일지를 바탕으로 구체적인 상황을 이야기하면서 상담을 진행합니다. 학부모에게 관련한 상황에 관하여 어떻게 생각하는지 중간중간 질문과 답변을 주고 받으며 학생에 관한 피드백을 제공합니다. 학생의 학교생활에서의 문제점은 무엇인지, 학습을 위한 개선점이 어떤 것들이 있는지, 학부모와 교사의 입장에서 어떠한 방식으로 학생에게 도움을 줄 수 있는지를 종합적으로 이야기합니다.

일방적으로 이야기를 늘어놓는 것은 역효과만 증가하게 됩니다. 학부모가 마음의 문을 닫아버리게되는 경우 학생을 지도할 든든한 지원자를 잃어버리게되는 것이므로 주의합니다. 상담을 진행할 때, 학생에게 초점을 맞추어 진행합니다. 다른 학생의 이야기를 한다거나, 다른 선생님의 의견을 전달하는 것은 또다른 문제를 발생시킬 수 있습니다.

학생의 심리나 학부모의 이야기를 분석하여 이야기하는 경우도 있습니다. 교사 개인의 의견을 전달하는 과정에서 학부모님이 오해를 하게되는 경우도 많으니 가급적 자제합니다. 상담과정에서 오해가 발생하면 의견충돌이 발생하기도 합니다. 감정이 상하게되면 해결하기 어려운 상황으로 변화될 수도 있습니다. 교사는 학부모의 학생에 관한 관심을 공감할 수 있도록 합니다. 학생의 교육적 성장을 위한 든든한 지원자는 학부모이기 때문입니다.

2. 학부모 상담과정

학생들과 상담을 할때, 구체적인 내용이 진행되려면 학부모의 동의를 받아야합니다. 전화통화나 메시지 등으로 먼저 학부모의 동의를 받아두고, 서면 동의를 받는 것이 좋습니다. 모든 상담내용은 비밀엄수를 해야합니다.

학생에게 평소에 관심을 보여두면 자연스럽게 학부모에게 전달이 됩니다. 칭찬을 한다거나 위로의 말을 건네면서 학생들과 라포형성을 해두는 것이 필요하죠. 필요한 내용이나 지식에 관하여 계속적인 관심을 보여주는 것이 좋습니다. 학부모님들께는 가정통신문을 활용하여 학교에서 진행중인 교육활동을 전달합니다. 메시지나 단톡방을 운영하는 것도 좋습니다.

학생들의 생활지도를 하던 중 어려운 일이 발생하거나 문제행동에 관한 상담도 진행할때가 있습니다. 이때 부정적인 의견만 제시하는 것 보다는 평소 행동의 장점과 개선된 점도 함께 이야기를 하는 것이 학부모의 협조를 이끌어내기 좋습니다.

학부모와 상담을 진행할때는 교사가 먼저 연락을 하기도 합니다. 보통은 생활지도를 해야하는 상황이 발생하는 경우죠. 교사가 먼저 연락하게 되면 거부감을 갖게됩니다. 특히 학생부 담당교사가 연락하면 그렇습니다. 학생의 입장에서 어떠한 방법으로 해결하는 것이 좋을지 이야기합니다.

학부모와 전화통화를 통해 상담 시간과 장소를 정합니다. 이때, 다른 사람의 방해를 받지 않는 공간에서 진행하는 것이 좋습니다. 본격적인 상담이 진행되면 학생에 관한 이야기를 들어주는 과정부터 시작합니다. 평소 생활습관이나 필요한 점, 학부모입장에서 학생의 부족한점 등 이야기를 들어주다보면 문제행동의 원인과 해결책등으로 자연스럽게 이어지게 됩니다.

학부모와 상담을 진행할 때, 학생과 상담했던 내용들을 이야기해주는 것도 좋습니다. 학생과의 상담과정에서 협력이 필요하기 때문이죠. 모든 내용을 이야기하는 것은 아닙니다. 학생과 교사간의 라포형성을 위해 약간의 비밀은 지켜주는 것도 필요합니다.

부모의 입장에서 문제행동을 해결하기 위해 시도한 방법을 확인하는 과정도 필요합니다. 새로운 방법을 제시하거나 개선된 방법으로 문제행동을 교정하는 것도 좋습니다. 해결책을 제시할때에는 의견을 제안하는 형태로 이야기를 합니다. 지시적인 이야기를 하는 경우 거부감을 가지는 경우가 있기 때문입니다.

상담의 진행 전과정에서 학생과 학부모의 의견을 존중해줍니다. 학생이나 학부모 상담을 진행할때에는 가치판단을 가급적 하지 않는 것이 좋습니다. 학교생활규정을 위반한 경우에는 선도위원회에 상정되어 징계가 부과됩니다. 위원회 결정사항을 예단해서 이야기하는 것은 또다른 문제가 생길 수 있습니다. 학교생활규정에 제시된 내용을 안내하시고, 어른의 입장에서 학생을 지도할 수 있도록 하는 것이 필요합니다.

제12화 학부모 상담의 실제

학생부장의 입장에서 대부분의 경우 문제행동을 일으킨 학생의 학부모님들을 만나게 됩니다. 집과 학교에서의 생활태도가 극과 극으로 다른 학생들의 경우는 학부모의 입장에서 받아들이지 않기도 합니다. 엄한 가정의 분위기에서는 조용히 있다가 학교에서 다른 학생들에게는 짓궂은 행동을 하기도 합니다. 자녀에게 이러한 성향이 있다는 것을 인지하지 못하고 있는 경우도 많죠.

담임교사나 생활지도 담당교사의 경우는 학생들의 생활습관과 태도를 관찰해서 기록해둡니다. 관찰일지, 상담일지를 계속해서 누적기록을 해두어야 합니다. 학생의 성향을 파악해두어야 대처할 때에도 도움이 됩니다. 학생의 생활지도 기록이 필요한 경우 활용할 수도 있습니다.

1. 교육활동 침해 사안의 학부모 상담

교육활동 침해로 상담을 진행하는 경우가 있습니다. 교권보호위원회에 상정되는 경우인데요. 학생들은 대부분 학교생활을 하는 과정에서 자아를 찾는 시기를 거칩니다. 사춘기라고 표현하기도 하죠. 이 시기의 학생들은 자기주장이 강해지면서 선생님들과 마찰이 일어나기도 합니다. 부모의 입장에서 자녀의 이야기를 들어보면 선생님이 예민하다거나 자제력이 없다고 느껴질 수도 있습니다.

학교의 담당자는 학생들의 바람직한 생활습관을 유지할 수 있도록 노력합니다. 선생님의 교육활동이 원활하게 진행될 수 있는 방향으로 관리도 합니다. 다른 학생들의 학습권을 침해하지 않도록 하는 것도 중요하구요. 학생의 행동이 선생님의 수업권, 다른 학생들의 학습권을 침해하였다면 교육활동 침해로 보아 처리하는 것이 마땅합니다. 앞으로의 생활에서 학생이 바람직한 생활습관이 형성될 수 있도록 해야합니다. 자녀의 이야기만 들어볼 것이 아니라 객관적인 사실을 인지하고 행동이 개선될 수 있도록 객관적 시각에서 바라보아야 합니다.

2. 선도위원회 진행과 관련한 학부모 상담

학생이 학교생활규정을 위반한 경우에는 선도위원회에 상정됩니다. 지각, 결과, 결석 등 출결이 좋지 않은 경우가 있구요, 불장난을 하거나 학교기물을 파손한 경우도 있습니다. 학교내에서 흡연을 하는 경우도 해당될 수 있겠네요, 다양한 교칙위반 상황을 선도위원회에서 처리합니다. 선도위원회는 처벌이 목적이 아니거든요, 학생들의 기본 생활습관을 개선할 수 있도록 안내하는 것을 목적으로 합니다.

선도위원회에 상정되었다고 하면 학교를 찾아오는 학부모님이 있습니다. 자녀의 정확한 사안을 확인하고 잘못 행동한 상황이 있다면 개선하여야 합니다. 선생님들의 이야기는 듣지 않은 채 자녀의 이야기만 듣고 민원을 접수하기도 합니다. 학교에서 선도위원회에 상정하는 경우는 객관적으로 확인할 수 있는 내용을 바탕으로 진행됩니다. 자녀의 이야기를 들어보시고, 학교의 담당선생님과 상의하시면서 보호자와 어른의 시각에서 객관적으로 바라볼 수 있도록 안내해야 합니다.

3. 학교폭력과 관련한 학부모 상담

자녀가 학교폭력에 연루되었다고 이야기하면 감정적으로 행동하는 학부모님들이 많습니다. 피해를 입었다고하면 화를 내며 학교로 찾아오는 분들이 있습니다. 학생들의 학교폭력 예방을 위해 여러가지 활동을 하고 있음에도 불구하고 모든 사안의 발생을 예방하기 어렵습니다. 학교의 담당자들은 학교폭력예방법에 의거하여 메뉴얼에 따라 진행하고 있습니다. 담당선생님의 역량을 믿으시고 진행해주시는게 좋습니다.

가해학생 학부모의 경우에도 격앙된 상태로 학교에 찾아와서 항의하는 분들이 있습니다. 자녀가 한 행동은 확인하지 않고 "그냥 퇴학을 시켜"라며 자신의 이야기를 늘어놓기도 합니다. 학교폭력사안은 피해관련학생이 접수를 진행하는 경우 사실관계를 확인하면서 진행하게 됩니다. 학폭위에 올라간 모든 사안이 학교폭력으로 결정되지 않습니다. '학교폭력 아님'으로 결정되기도 하거든요. 얼마전에 제가 학교폭력과 갈등관계를 구분하는 방법에 관하여 이야기한 내용도 같은 맥락입니다.

학생들의 갈등관계는 대부분 피해 사실 또는 가해 사실이 명확하지 않습니다. 피해를 입었다고 주장을 하죠. 피해를 입었다고 하는 것이 명확하게 가해를 한 내용이 확인이 안되는 경우가 있습니다. 기분이 나쁘다고 학교폭력 신고를 하기도 하거든요. 단순하게 기분이 나쁜것은 나의 감정이지 상대방의 감정이 아닙니다. 최대한 객관적으로 판단할 수 있도록 해야합니다. 학교폭력 사안의 대부분은 피해와 가해를 주고 받는 경우가 많습니다.

학생부장을 하면서 학교폭력업무를 담당한지 5년째 되었습니다. 학교폭력대책자치위원회, 학교폭력대책심의위원회의 위원으로 활동하기도 하며 다양한 유형의 학교폭력사안을 확인했습니다. 초중고등학교의 학교폭력 양상과 유형에는 다소 차이가 있지만 학부모님들의 반응은 유사합니다. 학교 급간 다소 차이를 보인다면 중학교, 고등학교로 올라갈수록 학생도 성숙해지고, 학부모님도 다양한 대처방법을 보이기도 합니다.

학교폭력이 발생한 경우 학부모님과 상담하기 어려운 상황이 대부분입니다. 피해학생 학부모, 가해학생 학부모 모두 자녀가 학교폭력의 당사자가 되었다는 사실에 놀라거나 흥분하는 경우가 많습니다. 학부모님과 차분히 이야기하면서 공감하고 이해하며 이야기를 들어주어야 합니다. 학교에서 학교폭력 사안의 처리를 위해 최선을 다하고 있고, 학교생활을 잘 할 수 있도록 지도하고 있음을 안내합니다.

3-1. 피해(관련)학생 학부모

피해(관련)학생의 경우는 학부모님이 자녀가 피해를 받았다는 사실에 격분하여 학교에 찾아오기도 합니다. 학교폭력 사안처리를 담당하는 교사나 담임교사 등은 학생의 학교생활을 위해 노력하고 있고, 사안의 원만한 처리를 위하여 최선을 다할 것임을 안내합니다. 학교폭력 사안의 재발을 방지하고, 해결책을 제시합니다. 필요하다면 전문가의 상담이나 치료를 받을 수 있도록 Wee클래스나 Wee센터 등에 의뢰하여 진행합니다.

3-2. 가해(관련)학생 학부모

가해(관련)학생 학부모의 경우도 격앙되는 경우가 많습니다. 자신의 아이가 학교폭력 가해로 접수되어 학교생활기록부에 해당 내용이 기재된다는 생각만으로 학교의 담당자들을 힘들게 하기도 합니다. 교감선생님이나 교장선생님을 찾아가 따지기도 하구요.

다른 학생에게 자녀가 폭력을 가했다는 것을 확인하고 화를 내기도 합니다. 반복된 가해사실의 확인과 학교폭력의 반복된 접수로 가정에서 지도를 포기하기도 합니다. 학교에서 자녀의 생활지도를 제대로 하지 않았다는 의견을 표출하며 학교나 담당자의 잘못으로 말하기도 합니다.

가해(관련)학생이 피해(관련)학생에게 어떠한 행동을 했는지 명확하게 안내를 해야 합니다. 정확하지 않거나 확인되지 않은 정보를 저장했을때 학교에서 사실관계를 정확히 확인하지 않았다는 민원을 받을 수 있습니다.

사안의 접수 단계에서의 처리방법을 알아보겠습니다. 학교폭력 사안이 확인되어 접수될때 학생확인서, 학부모 확인서를 함께 접수합니다. 피해(관련)학생과 가해(관련)학생에게 모두 확인하죠. 필요하다면 목격학생에게도 확인서를 받습니다. 객관적 사실의 확인을 하기 위함입니다.

피해(관련)학생에게는 학교폭력을 접수하면서 '분리확인서 (2021.6.23.시행)'를 받습니다. 학교폭력 접수일부터 3일(7일로 변경)간 진행될 수 있습니다. 다만 피해(관련)학생이 원하는 경우에 진행이 가능하며, 원하지 않으면 진행하지 않습니다.

분리조치 외에도 피해학생과 가해학생 모두 '학교장 긴급조치'를 진행할 수 있습니다. 이 조치는 학폭위가 열리기 전에 진행하는 학교장의 선조치입니다. 피해학생의 심리적 안정과 가해학생의 선도조치를 위함입니다. 학교에서의 교육적 조치로 안정적인 학교생활을 할 수 있도록 노력하기 위한 제도입니다. 피해학생의 긴급조치는 학폭위에 보고하고, 가해학생의 긴급조치는 학폭위에서 추인을 할지 하지 않을지 결정하여 진행합니다.

학교폭력이 접수되고 처리할 때 학부모와 교사의 상담이 매우 중요합니다. 사안처리의 전 과정에서 보호자와 교사의 협조가 있어야 원활한 진행이 가능하거든요. 피해(관련)학생 학부모와 가해(관련)학생 학부모 모두에게 학교폭력 사안의 정확한 확인과 인식을 할 수 있도록 처리절차와 방법에 관한 흐름을 설명합니다. 학교에서 업무처리를 하는 담당자는 전문가수준의 프로임을 안내합니다.

제13화 생활지도 비법노트 I

비법노트 첫 번째입니다. 상담과 생활지도를 구분하여야 합니다. 상담을 알아보겠습니다. 상담은 교사와 학생간 라포가 가장 중요합니다. 라포형성을 위해서는 존중하는 마음으로 공감하는 태도가 필요합니다. 상담자는 내담자의 마음을 공유하는 과정을 통해 진정성을 보여줍니다.

상담초기에는 내담자가 어떠한 이유로 상담을 받게되었는지 원인파악이 우선입니다. 원인을 파악하면서 어떠한 이유로 문제가 발생하였는지 확인합니다. 또한 상담을 받을 때까지 문제가 지속된 이유도 파악하죠. 내담자의 가족이나 성격등을 파악하는 것도 도움이 됩니다. 대화를 주고 받는 과정을 통해 자연스럽게 상담의 목표를 발견할 수 있습니다. 상담을 받게되는 문제를 해결해주는 것이 상담의 결정적인 목표가 되기 때문입니다.

1. 생활지도와 상담의 차이점

생활지도는 의사결정과정에서 조언을 해주는데 초점을 맞추고 있습니다. 모든 학생들을 대상으로 학교생활전반에 관한 지도를 합니다. 학생의 전인적 성장을 목적으로 처벌은 수단으로 활용합니다. 교육적 조치를 통해 바람직한 방향으로 안내하는거죠. 비행행위가 일어나지 않도록 예방활동을 합니다. 상담은 개개인의 감정과 심리상태를 확인할 수 있도록 자연스러운 환경에서 이야기할 수 있도록 합니다. 해결하지 못한 문제가 있다면 스스로 결정할 수 있게 도움을 줍니다.

교직에 들어온지 얼마 안되는 선생님들이 고민하는 것이 있습니다. 학생들과 마주하게되면 학생의 입장에서 이해를 하는 것이 좋은지, 선생님의 입장에서 아이들을 바라보는 것이 좋은지 에 관한 내용이죠.

이런 관점의 차이는 어느조직이나 있습니다. 학교에도 마찬가지죠. 선생님들의 구성도 모두 다르고 연령대도 다릅니다. 가치관도 개개인이 다르니 어떤 선생님의 관점, 교육관,

철학이 맞다. 틀리다로 구분하기 어려운 것이 사실입니다.

일을 해결하지 못해 고민하고 있는 선생님에게 "힘내"라고 하는 말을 건네는 것도 좋습니다. 그런데 공감을 활용한 응원이 더 도움이 된다는 거 알고계시죠? "힘들겠구나. 나라도 그랬겠다." 라는 말이 더 위로가 됩니다. 문제를 해결해주지는 못하지만 누구나 겪는과정이라 생각할 수 있고, 인정받는 느낌을 줄 수 있기 때문입니다.

2. 생활지도가 필요한 학생들의 성향과 유형

사회의 변화에 따라 학생들의 특성도 다릅니다. 같은 나이의 학생이라도 지역의 특성이나 학교에 따라 성향이 다르기도 하구요. 보편적인 특성이 있기는 하지만 모두 같다고 보기 어려운 경우도 있습니다.

요즘 학생들의 성향을 살펴보겠습니다. 개인주의를 벗어나 이기주의적 성향을 가진 학생들이 있습니다. 다른 사람을 배려하지 않고 자신의 입장만 강조합니다. 교사의 입장에서 '우리학교에는 이런 아이가 없을거야'라고 단정지어 생각해서는 안됩니다. 혹시 그런 아이가 있다고 한다면 다른 학교로 전학을 보내실건가요? 교사라면 학생의 문제행동에 관하여 함께 해결해야 하는 과제를 안고 있습니다.

교사가 생활지도를 할때 학생들의 성향을 파악하는 것이 필요합니다. 학생들의 문제행동의 유형을 구분해서 해결책을 어느정도는 미리 알고 있어야 합니다. 수업을 방해하거나 학교에서 생활을 할때에도 다른 학생들에게 피해를 주는 경우가 있기 때문입니다.

3. 생활지도가 필요한 유형

수업을 방해하며 자신이 마음대로 하는 아이가 있습니다. 심지어 선생님에게 반말을 하기도 하구요, 욕을 하기도 합니다. 얼마전에 뉴스에 등장했던 상황이 생각이 나네요. 선생님의 수업중 교단에 누워서 휴대폰을 하고 있고, 웃옷은 벗고 뒤에 앉은 학생은 동영상을 찍어서 SNS에 올리는 모습을 모두 보셨을 겁니다. 한 학교의 문제가 아닙니다. 거의 대부분의 학교에서 수업시간에 벌어질 법한 일입니다. 왜 이런 상황이 발생했을까요? 생활지도를 하지 않고 수업을 할 수 있을까요? 교육활동을 하는데 이런 상황이 발생하면 어떻게 하실건가요?

첫 번째는 분노조절장애가 있습니다. 몇 년전 학생들에 비해 분노조절장애를 가진 학생들이 많아졌습니다. 질병으로 판정을 받지 않았더라도 자신을 통제하지 못하는 학생이 많습니다. 다른 학생들에게 피해를 줄 수 있음에도 인지하지 못하고 자신이 하고 싶은대로 합니다. 수업을 진행하는 중에 쉴새없이 움직이고 수업을 방해합니다.

두 번째는 폭력성입니다. 어떤 아이들은 지나치게 폭력적이기도 합니다. 자신의 몸 전체에 문신을 새기고 한겨울에도 이를 드러내고 다니기도 합니다. 다른 학생들에 비해 힘이 세다거나 우월하다고 느끼려고 하는 성향들이죠. 보통 이런 학생들의 자존감은 그렇게 높지 않습니다. 학교에서 칭찬을 받아본 경험이 그리 많지 않기 때문입니다. 자신이 속한 또래집단이나 활동하는 단체에서 인정받기위한 결과이기도 합니다. 칭찬은 고래도 춤추게 한다는 말이 있습니다. 이런 학생들에게는 성공할 수 있는 기회를 제공해주어야 합니다. 좋은 점을 칭찬해주어서 자존감을 높일 수 있도록 합니다.

세 번째는 외모지상주의입니다. 요즘 화장을 하지 않는 여학생을 찾기 어렵습니다. 외모를 중시하는 사회적인 분위기도 있기는 하지만 외모 컴플렉스를 감추기 위한 방법으로 활용하기도 합니다. 이성친구를 사귀면서 스킨십이나 성관계에 관한 이야기를 스스럼없이 하는 것도 저희세대와는 사뭇 다른 모습들입니다.

네 번째는 스마트폰 중독입니다. 스마트폰을 손에서 떼지 않는 디지털 원주민들인 MZ세대들과의 소통을 위해서는 어떤 방법으로 접근해야 할까요? 수업중에도 스마트폰으로 여러가지 일이 일어납니다. 스마트폰은 삶에 활용하기 위해 필요한 물건입니다. 삶을 스마트폰이 지배당하게되면 현실세계와 가상세계를 구분하지 못하게 되기도 합니다. 학생들에게 스마트폰에 지배당하지 않는 삶을 살 수 있도록 해야 합니다.

학창시절에는 약간의 실패도 경험해 보아야 합니다. 부모님들이 모두 나서서 해결을 해주다보면 앞으로 살아가게될 미래에 대한 준비과정에도 문제가 생길 수 있습니다. 자신의 능력을 키우기 위해 다양한 방법으로 고민해보아야 합니다.

교사의 입장에서 학생들에게 잘못한 행동이라고 단정지어 이야기하는 것은 학생들의 반발심만 자극할 수 있습니다. 학생들의 이야기를 들어주고 이해해주어야 하죠. 학생들이 바람직한 방향으로 생활태도가 개선될 수 있도록 함께 노력하여야 합니다.

제14화 생활지도 비법노트 II

비법노트 두 번째는 문제행동을 하는 학생 상담하는 방법을 알아보겠습니다. 학생들의 문제행동으로 개인적인 상담을 진행하는 경우가 많습니다. 성폭력이나 학교폭력 사안의 경우는 개인적인 이야기를 들어주며 비밀 보장을 해야합니다. 개인 상담을 진행할때에 활용할 수 있는 기법을 확인해 보려고 합니다.

첫 번째는 관심을 가지고 상담을 진행합니다. 학생의 이야기에 관심을 가지고있다는 것을 말이나 행동으로 표현합니다. 학생에게 주의집중을 하고 있고 적극적으로 경청하려고 한다는 것을 확인할 수 있도록 합니다.

두 번째는 재진술입니다. 학생의 이야기를 듣고 핵심 키워드를 반영합니다. 학생의 말, 행동을 이해하고 교사의 말로 바꾸어 표현해줍니다. 학생의 이야기를 듣고 교사가 이야기할때 같은 의미의 다른 말을 활용하면 학생의 이야기에 충분히 공감하고 있다고 생각할 수 있습니다. 관심을 가지고 대화에 임하고 있음을 인식할 수 있기도 합니다.

세 번째는 반영입니다. 학생의 말, 행동을 그대로 같은 의미의 다른 말로 표현한다는 점에서 재진술과 비슷하게 느껴질 수 있습니다. 학생들의 말과 행동에서 감정을 확인할 수 있습니다. 학생들은 감정을 확인하고 변화하는 반응을 관찰하는 과정입니다. 교사가 학생의 감정을 정확히 이해하고 있는지 확인할 수 있는 과정입니다.

네 번째는 학생의 이야기가 명확하지 않을 때 다시 한 번 구체적으로 설명해줄 것을 요청하는 명료화입니다. 교사는 학생의 의견을 정확히 이해했는지 직접확인하는 과정이기도 합니다. 학생이 자신의 의견을 말할때 구체적인 표현을 활용하여 의사표현을 명확하게 할 수 있습니다.

다섯 번째는 경청입니다. 학생의 말과 행동에 관하여 적극적으로 반응합니다. 이야기하는 내용을 시간순서로 나열하거나 키워드를 확인하여 메모등을 활용하여 기록하며 이야기를 듣습니다. 학생의 감정이나 감각한 내용도 확인되었다면 어떠한 일이 있었는지 이야기를 주고 받죠. 이때 학생의 얼굴표정이나 몸짓등도 함께 관찰하여 기록으로 남겨두면 많은 도움이 됩니다.

경청을 하는 방법은 두 가지가 있습니다. 학생의 말이나 행동에 바로 반응을 보이지는 않으면서도 관심을 가지고 듣고 있다는 표현을 하는 소극적 경청이 있습니다. 또한 관심 가지기, 소극적 경청, 재진술, 명료화, 반영 등이 모두 포함하는 적극적 경청이 있죠.

학생사안이 발생하였을때 여러가지 방법으로 학생과 라포를 형성하며 상담을 진행합니다. 관찰일지, 상담일지 등의 기록을 진행합니다. 학생의 변화과정을 상세하게 기록하며 필요한 자료들을 확보해두는 것이 좋습니다. 문제행동의 내용만 기록해두는 것이 아니라 긍정적인 변화들, 좋은 점등도 함께 작성해 두는 것이 좋습니다. 문제행동을 하는 학생을 상담할 때 기억해야할 내용을 3가지로 알아보겠습니다.

첫 번째는 소통하고 공감하는 자세로 임해야 합니다. 문제행동을 상담한다고 해서 훈계하거나 교정하려는 태도로 학생들을 접하게 되는 경우는 학생들이 마음을 열지 않습니다. 소통이 되지 않는거죠. 학생들과의 라포형성과 주의집중이 되지 않으면 다음 단계로 진행이 어렵습니다.

아이컨택이나 몸동작 등을 사용하여 소통하는 방법도 학생들과 라포를 형성하는 대표적인 방법입니다. '노란'이라는 글자에 실제 색은 '파란색'이라면 전달력이 떨어지겠죠? 단어의 의미와 색이 일치하여야 정확히 전달이 됩니다. 이를 스투룹효과라고 합니다.

두 번째는 문제행동을 인지할 수 있도록 정확히 안내해야 합니다. 생활지도를 할때는 정확한 용어를 사용해야 합니다. 잘못한 것이 무엇인지 알려주고 반복된 행동을 다시 일으키지 않도록 합니다. 잘 모르는 경우도 있지만 문제행동을 교정해 주지 않아 생기는 문제도 있습니다.

불쾌감을 줄 수 있는 행동을 하지 않도록 안내 합니다. 만약 교실이나 학교에서 다른 사람들에게 피해를 줄 수 있는 행동들을 하게되는 경우 생기는 문제에 관하여 생각해보게 합니다. 이타성을 가지고 사회의 일원으로 살아가는데 도움을 줄 수 있도록 합니다. 책임감을 가지게 할 수 있기 때문입니다.

세 번째는 문제행동을 교정할때 단호하게 이야기해야 합니다. 친구들과 갈등관계를 조정하거나 피해를 주는 행동을 하는 경우가 있습니다. 학생의 이야기를 많이 들어주고 왜 그런 행동을 했는지 파악을 먼저하는것이 중요합니다. 경청하는 자세는 학생들이 마음을 열고 소통할 수 있는 기회를 만들어줍니다.

잘못한 내용에 관하여는 단호하게 이야기해주어야 합니다. 말을 많이하거나 다른 이야기를 하는 경우 본질을 흐릴 수 있기 때문입니다. 주제와 관련한 이야기만 하는거죠. 언어가 아닌 표정으로 인식하게 하는 방법도 효율적으로 사용할 수 있습니다.

선생님과의 관계가 틀어진 경우는 교육활동 침해와 관련한 교권사안으로 다룹니다. 학교생활규정을 위반했다면 선도사안으로 다루고, 학생들간 폭력 사안을 확인한 경우는 학교폭력 사안으로 다루게 됩니다.

문제행동으로 개인 상담 진행할때 유의할 점을 알아보겠습니다. 학생들의 문제행동으로 개별 상담을 진행할 때에는 학생과 선생님간의 비밀을 지켜주는 것이 중요합니다. 라포형성이 이루어진 이후에 진행해야 사안에 관하여 솔직하게 이야기하고 정확성이 높은 확인이 될 수 있습니다. 이야기를 하다보면 자신이 잘못한 내용을 감추거나 축소하는 경우가 많습니다. 이를 최대한 객관적으로 확인할 수 있도록 해야합니다.

상담을 진행하면서 최대한 학생의 입장에서 이해할 수 있어야 합니다. 학생의 입장에서 생각해보고 적극적 경청을 통해 가치판단을 최대한 배제하고 이야기를 들어줍니다. 중간에 개입을 하거나 지적을 하는 경우는 학생이 마음의 문을 닫아버리는 경우도 있습니다.

학생이 상담이 필요한 이유가 무엇인지 확인하고 문제상황이 발생한이유를 확인합니다. 선생님이나 학생과 의견이 달라서 진행된 사안이라면 어떠한 이유에서 다른 사람과 생각이 다른지를 확인해봅니다. 전체적인 상담을 통해 기대하는 내용과 얻을 수 있는 내용을 확인합니다. 상담을 진행할 때는 최대한 개방적인 태도를 가지고 구체적으로 이야기합니다. 정확한 정보를 주고받으며 이해를 했는지 확인하는 과정도 필요합니다.

상담을 할때에는 최대한 가치판단을 배제하고 들어주는 것이 필요합니다. 긍정적으로 존중해주고 문제행동에 관한 이해를 통해 개선될 수 있도록 하는 것이 필요하죠. 현재의 학생의 상황을 정확히 파악하고 학교에 잘 적응해서 다닐 수 있도록 하는 것이 목적이거든요. 학생이 문제를 발견했다면 행동을 수정하고 개선하여 새로운 시각에서 바라볼 수 있도록 조언을 해주는 과정을 거칩니다.

제15화 생활지도 비법노트 Ⅲ

　다음은 문제행동을 보이는 학생들의 집단 상담 진행방법을 살펴보겠습니다. 집단 상담을 진행할때 여러가지 방법이 있습니다. 상담자는 진행과정에서 적절한 상담방법을 활용하여 의견을 조율해야 합니다. 균형잡힌 생각을 할 수 있도록 한 쪽으로 치우쳐 있지 않게 중심을 잘 잡아 주어야 합니다.

　학생들을 대상으로 집단 상담을 진행할때, 말과 행동에 관심을 가져야 합니다. 학생들의 반응을 살피고, 적극적으로 경청하고 있음을 인지할 수 있도록 반응을 보입니다. 공감을 표현하는 것도 방법입니다. 교사와 학생간 수용적이고 긍정적인 분위기를 만들 수 있기 때문입니다. 상담의 진행 과정에서 긍정적인 반응은 목표한 결과를 가져올 수 있습니다.

교사는 학생의 문제행동에 관해 어떻게 생각하고 있는지 정확히 이야기하면서 피드백을 주기도 합니다. 어떤 상황이 잘못되었고, 어떠한 방법으로 개선해야 하는지를 알려주는 것이 좋습니다. 다른 학생들이 함께 공감하고 피드백을 받을 수 있도록 하는 것도 집단상담의 긍정적인 측면입니다. 교사는 문제행동에 관한 학생들의 이야기를 잘 들어주면서 전달하고자 하는 내용을 스스로 확인할 수 있도록 합니다. 학생이 자신의 말과 행동을 인식할 수 있도록 합니다. 교사의 입장에서 학생의 감정을 느끼고 있다는 것을 표현하며 공감하고 있다는 것을 알려주는 방법을 활용하기도 합니다.

학생이 문제행동에 관하여 정확히 상황파악을 하지 못하는 경우도 있습니다. 상황을 파악하여 명료화하는 과정이 중요합니다. 교사의 입장에서 학생이 어떤 상황이 문제행동으로 해석될 수 있는지 상황을 파악할 수 있도록 합니다. 개선되어야 하는 내용에 관하여 질문을 하며 구체적인 정보를 확인합니다. 문제행동의 시간순으로 인과관계를 확인하고 어떠한 신념으로 인한 결과가 잘못된 결과를 가지게 되었는지 인식할 수 있도록 합니다. 교사의 입장에서 학생이 개선된 방향으로 생각할 수 있도록 대안을 제시해주는 것도 좋습니다. 새로운 의미로 바라볼 수 있도록 설명해주는 거죠.

집단상담을 진행하는 중에 교사는 학생들을 잘 살피고 방해되는 요소를 제거해주어야 합니다. 질문만 계속하거나 관계없는 다른 학생의 뒷담화를 하는 경우, 다른 학생의 개인적인 약점을 들추어내기위한 강요를 하는 경우등을 확인하면 바로 제지해 주어야 또다른 문제가 발생하지 않습니다.

집단 상담을 진행하는 교사는 여러가지 측면에서 경험이 많아야 합니다. 돌발상황에 대비할 수 있도록 준비해야 하구요. 학생들이 상담을 진행하면서 느끼고 생각한 것들을 잘 이야기할 수 있도록 분위기를 조성해주어야 합니다. 많은 지지와 격려로 적극적으로 참여하고 다른 학생의 이야기를 들으며 공감할 수 있도록 합니다. 다른 사람의 생각과 나의 생각이 다를 수 있음을 인식하고 상담에 임할 수 있도록 안내하는 것도 필요합니다.

집단 상담의 진행과정과 특징을 살펴보겠습니다. 집단 상담을 진행할때는 상담자의 역할이 중요합니다. 여러 학생의 동기를 부여해야 합니다. 자기를 드러낼 수 있도록 개방적이고 허용적인 분위기를 만들어야 하죠. 약간의 실수가 있거나 실패를 하더라도 가치판단을 최대한 자제하는 것이 필요합니다. 새로운 해결방법이나 대안이 제시될 수 있도록 창의성을 발휘할 수 있도록 유도합니다.

집단 상담의 초기 단계에는 상담의 방향을 제시합니다. 진행하면서 지켜야할 규칙을 설명하고 다른 학생들에게 예의를 지켜야 함을 안내합니다. 긍정적이고 허용적인 분위기를 만들어서 학생들간 자유롭게 의사소통을 할 수 있도록 합니다. 창의적인 생각을 통해 문제 행동을 해결할 수 있도록 합니다.

초반에는 집단의 구성원들이 주도권 다툼을 할 수도 있습니다. 서로의 권한이나 진행에 관한 불안이나 불만을 표출하기도 합니다. 이때 상담하는 선생님은 학생들간 의견다툼이나 불안감이 생기지 않도록 중간자의 입장에서 잘 조율합니다. 이 과정을 거친이후에는 학생들간의 의사소통이 원활하게 진행될 수 있습니다. 허용적이고 개방적인 분위기를 통해 다른 학생의 의견을 받아들이고 결론을 도출하죠.

상담을 마무리하며 어떠한 결과가 도출되었는지 확인합니다. 이때 집단 상담을 통해 학생들끼리 주고 받은 이야기를 종합정리합니다. 처음에 목표로 삼았던 내용을 달성했는지 확인하는 과정을 거치며 학생들의 생각을 정리하고 다짐하는 시간을 가집니다. 집단 상담이 끝난 이후는 설문지나 개별면담을 통해 상담의 결과가 지속되고 있는지 확인합니다. 다른 학생들의 의견을 반영한 생각의 변화가 학교생활에 도움을 주고 있는지도 확인하구요.

학생들의 개별적인 문제행동을 집단상담의 형태로 해결하기는 어렵습니다. 공통된 문제해결과정에서 접근하는 것이 바람직하죠. 학교폭력의 유형에서 따돌림과 같은 경우는 집단상담을 진행하여 해결해봄직합니다. 집단의 그릇된 신념이 다른 학생에게 피해를 줄 수 있고, 그로인해 어려움을 겪는 학생들이 증가할 수 있다는 것에 관한 내용을 알려줄 필요가 있습니다.

모든 사람들의 생각이 다르다는 것을 인지할 수 있도록 학생들과의 상담과정에서 제시할 필요가 있습니다. 다른 생각이 틀린것은 아니라는 것도 함께 알려주어야 합니다. 여러가지 생각의 합의점을 찾아서 공통된 생활습관과 가치를 만들어가는 것이 사회발전의 원동력임을 기억해야 합니다.

학생들의 문제행동에 관한 상담을 진행할때 개인상담을 하면서 구체적인 원인을 파악하고 개선합니다. 상황에 따라서 여러학생들의 이해관계나 의견이 충돌하는 경우도 있습니다. 이때에는 집단상담을 진행하며 서로의 의견을 좁혀나가게 되죠. 집단 상담은 개선이 가능한 수준의 학생들을 대상으로 합니다. 행동수정을 통해 여러 학생들이 함께 어우러질 수 있도록 노력하는 과정으로 활용하는겁니다.

상담의 결과를 신뢰할 수 있도록 개인상담을 진행하면서 다른 사람들과의 의사소통과 공감능력이 뛰어난 상담가들이 진행하는 것이 좋습니다. 집단 상담을 진행하는 것은 고도로 훈련된 전문가들이 하는 것이 좋습니다. 잘못 진행하게 되는 경우 오히려 의견의 충돌을 발생하게 될 수 있습니다.

문제 행동의 수준이 너무 심각하지 않은 정도의 학생들을 대상으로 서로 신뢰할 수 있도록 분위기를 조성하여야 합니다. 다른 사람과 함께 살아가기 위해 필요한 것은 무엇인지 확인합니다. 개인의 의식의 변화를 통해 문제를 해결하는 과정을 통해 함께 살아가는 사회를 배울 수 있도록 합니다. 자신의 문제가 무엇인지 확인하고 개선하도록 말입니다.

상담의 대상자가 많을 경우에 개인상담으로 모두 진행하는 경우 시간과 노력이 많이 들어갈 수 있는데 집단상담을 진행하면서 해결할 수 있습니다. 다른 사람들이 요구하는 것을 파악하고 진행하면서 여러가지 상황에 효율적으로 대처할 수 있습니다. 개인상담으로 진행하게되면 불편한 상황들도 해결이 가능하죠. 함께하는 학생들이 있기에 동료애나 소속감이 생기기도 합니다.

집단 상담은 여러가지 상담방법중에 하나임을 기억해야 합니다. 다소 어려움이 있을 수 있고 상담을 진행하는 교사의 능력에 따라 해결하지 못하고 일을 더 키울 수도 있습니다. 여러 학생들이 집단을 이루어 이야기하는 상황으로 소수의 의견을 내세우는 학생들에게는 상처가 될 수도 있습니다. 특히 학생 개인의 문제행동이 개선되지 않을 수 있어 세부적으로 잘 살필 수 있도록 하는 것이 중요합니다.

제16화 학교폭력 사안처리 실제 Ⅰ

사안접수부터 학폭위 개최까지

학교는 교육활동이 이루어지는 장소입니다. 학교와 폭력이라고 하는 단어가 결합이 되니 '학교폭력'이라고 하는 용어가 생겨났습니다. 학교에 근무한 지 꽤 오랜 시간이 지났으나 학교폭력이라는 단어는 아직도 우스꽝스럽습니다. 단지 학생이라는 이유 하나만으로 전혀 다른 맥락의 단어를 연결시켰으니 황당할 따름이죠.

학교폭력은 예방이 중요합니다. 하지만 예방을 한다고 하여도 모든 사안의 발생을 막을 수는 없습니다. 학교폭력 사안이 발생한 경우에는 정확한 매뉴얼에 따라 처리하는 것이 중요합니다.

학교폭력과 관련한 대부분의 책자나 안내서 등은 학교폭력의 정의부터 나열하기 시작합니다. 복잡하고 어려운 법령보다 쉽게 간략하게 이야기하면 '교내외에서 발생한 피해를 받은 학생'이 있으면 학교폭력이라고 볼 수 있습니다.

1. 학교폭력 예방교육

유명인들이 학교폭력이 하루가 멀다 하고 확인된 적이 있습니다. 학창시절의 학교폭력으로 사회생활에도 문제가 생기는 경우를 심심치 않게 볼 수 있습니다. 이유여하를 막론하고 학교에서 일어나는 학생들 간의 폭력은 없어져야 합니다. 학생들이 폭력으로부터 자유로와야 할 의무를 알려줄 필요가 있구요.

코로나19의 영향으로 원격수업 컨텐츠를 알아보던 중이었습니다. 수업과 관련한 자료가 별로 없었습니다. 안되겠다 싶어 자체제작으로 온라인 수업을 진행하였습니다. 우연한 기회에 교사 크리에이터 협회에 가입을 하게 되었고, 여기서 만난 선생님들과 영상편집과 관련한 동아리를 만들어서 연수를 받았습니다.

코로나19로 비대면 연수들이 확대되었는데, 이러한 점은 정말 유익한 방향으로 개선된 듯합니다. 영상을 편집하거나 가공하는데 필요한 노하우들을 축적하는데 상당한 시간이 소요되었지만 계속 활용할 수 있는 기술이기에 만족하고 있습니다.

　매 학기 학생, 학부모, 교직원을 대상으로 학교폭력 예방교육을 진행해야 합니다. 요즘 트렌드는 유튜브 영상으로의 연수 진행입니다. 학생들에게 정확한 정보를 전달하기 위해 먼저 교직원 대상으로 유튜브 영상을 제작하였습니다. 빠른 시간 안에 학생들에게도 학교폭력 예방교육을 진행하여야 하기 때문입니다.

2. 현재의 학교폭력 사안처리

　2020.3.1. 일자 학교폭력 사안부터는 각 교육지원청의 '학교폭력대책심의위원회'(이하 학폭위)에서 사안처리 전반에 관한 내용을 심의하여 결과 통보를 합니다. 학교에서 이루어지던 '학교폭력대책자치위원회'를 진행하지 않는다는 기대감과는 달리 업무담당자가 해야할 일은 더 많아졌습니다.

　학폭위에서 요구하는 학교폭력 사안에 관한 서류의 양이 1.5 ~ 2배 정도 양이 증가하였기 때문입니다. 학폭위 위원들이 심의자료만 보고도 판단할 수 있을 정도의 서류가 필요하고, 때에 따라서는 학교의 업무담당자들이 학폭위에 출석하여 전반적인 개요를 설명해야 하는 경우도 있습니다.

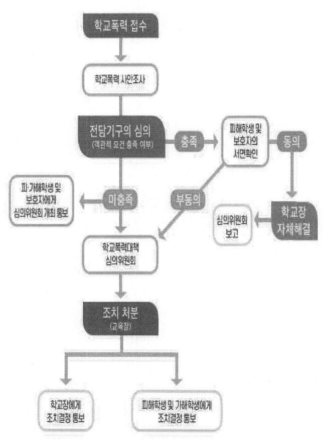

학교장 자체해결 사안처리 흐름도

학교폭력 접수

학교폭력 사안조사

전담기구의 심의
(객관적 요건 충족 여부) — 충족 → 피해학생 및 보호자의 서면확인 — 동의 → 학교장 자체해결 → 심의위원회 보고

미충족 → 피·가해학생 및 보호자에게 심의위원회 개최 통보

부동의

학교폭력대책 심의위원회

조치 처분
(교육장)

학교장에게 조치결정 통보

피해학생 및 가해학생에게 조치결정 통보

< 2022 학교폭력 사안처리 가이드북 p.48 >

120

학폭위 개최를 요구하기 위해서는 '학교폭력 접수대장'에 수기로 기록하고, 사안을 인지한 시각으로부터 48시간 이내에 교육청 보고를 진행합니다. 이와 동시에 '학생 확인서', '보호자 확인서'를 받습니다. 접수와 동시에 '분리 확인서'를 받아 내부결재를 받습니다. 목격 학생이나 관련자가 있는 경우에는 확인서를 첨부하게 됩니다.

교감, 학교폭력 책임교사, 보건교사, 상담교사, 학부모 등으로 구성된 '학교폭력 전담기구(구성원의 수는 학교별 상이할 수 있음)'를 개최하여 학교장 종결제가 가능한 4가지 경미한 경우에 해당하는지를 확인하게 됩니다.

'학교폭력 전담기구'에서 학교장 종결로 학교폭력 사안의 처리가 가능한 경우로 결정하게 되면, 피해학생과 보호자의 동의를 구하는 과정을 거칩니다. 동의를 하는 경우 학교장 종결로 처리하고, 피해학생과 보호자가 동의하지 않는 경우는 학폭위 개최 요청을 하게 됩니다.

'학교폭력 전담기구'에서 학교장 종결제가 불가능하다고 판단하는 경우 바로 학폭위 개최 요청을 하게 됩니다. 이 과정이 학교에서는 2주 이내에 진행되어야 하는데 필요에 따라서는 1주 연장이 가능합니다.

학폭위 요청 후 교육지원청에서의 학교폭력 사안처리를 살펴보겠습니다. 교육지원청에서 학교의 학폭위 개최 요청을 받게 되면 3주 이내에 학폭위를 개최하여야 하나 필요에 따라서는 1주 연장이 가능합니다. 각 학교에서 전담기구에서 확인한 학교폭력 사안과 관련한 서류를 바탕으로 학폭위를 진행합니다. 학생들에게 학폭위 결정통보는 학폭위에서 진행하며 학교에도 공문으로 알려줍니다.

학교폭력 예방법에서 학교폭력은 '교내외에서 학생을 대상으로 피해를 준 사안'으로 간략히 정리할 수 있습니다. 학생들이기에 학교에서 보호하는 것은 당연하지만, 생활지도를 중점으로 하고 있는 교사 입장에서는 학교 밖에서 이루어지는 모든 일까지 학교 내부로 끌어들여 처리하는 것은 불합리하다는 생각이 듭니다.

교사는 학교 내에서 학생의 교과지도와 생활지도에 전념할 수 있도록 하는 것이 학생들의 학력향상에도 도움을 줄 수 있습니다. 학교 밖에서 일어나는 일을 효율적으로 처리할 수 있는 방안을 마련하여야 합니다.

3. 변경된 학교폭력 사안처리

새학기가 되면 학교폭력 예방과 관련한 프로그램을 진행합니다. 매년 비슷한 프로그램을 진행하기도 합니다. 익숙한 듯하면서도 받아들이는 학생들의 특성에 따라 반응이 다릅니다. 학생들에게 잘 적용되는 사례가 있는가 하면, 어떤 때는 그렇지 못한 경우도 있습니다. 학교마다 생활지도 프로그램과 노하우가 축적되어 있을겁니다. 하지만 생활지도 담당교사가 매년 바뀌는 분위기의 학교에 근무한다면 생활지도 담당 선생님이 모든 짐을 짊어지기는 어려운 현실입니다. 매년 초 진행되는 연수에서는 전년도와 비교하여 바뀐 것 위주로 체크하고 기억해놓아야 행정업무를 처리하는데 허비하는 시간을 줄일 수 있습니다. 변경된 내용의 양식으로 작성해야 하는 문서를 이전 양식에 기록하는 경우 처음부터 다시 작성해야 하는 번거로움이 발생할 수 있기 때문입니다.

학교폭력 사안을 확인할 때, 교원이 확인하여야 합니다. 학생이 담당 선생님과 라포형성이 되어있지 않거나, 개인적 성향에 의해 극도로 경계를 하는 등의 행동을 보일 경우 여러 선생님들의 도움이 필요합니다. 다른 일도 힘들지만 특히 학교폭력 업무는 학생들과 유기적인 관계를 맺고 있지 않으면 처리가 불가능한 경우가 많기에 힘든 점이 많습니다.

학생부장을 처음 맡게 되었던 때, 누군가가 멘토로 여러 가지 상황에 관한 안내를 해주면 일처리 하기가 참 좋겠다는 생각을 한 적이 있습니다. 대부분의 학교에서 담당자가 자주 바뀌곤 합니다. 이론이 아니라 실전에서의 노하우를 배우는 것이 중요한데, 노하우를 전수해주는 누군가를 찾기 어렵습니다.

4. 학교폭력 접수

학교폭력은 '교내외에서 피해를 입은 학생'이 있는 경우 대부분 대상이 될 수 있습니다. 신고를 받거나 학교폭력을 감지·인지한 경우, '학교폭력 접수대장'에 자필로 기록하여 접수를 합니다.

학교폭력 사안이 확인되고 교육청 보고까지는 48시간입니다. 2019학년도까지는 24시간 이내에 보고하였으나 2020학년도부터 교육청 보고는 48시간으로 변경되었습니다. 교육청에 보고하는 양식은 '학교폭력 사안 접수 보고서'로 감지·인지한 내용과 '학생 확인서', '학부모 확인서' '분리 확인서' 등의 양식을 바탕으로 작성하여 제출합니다.

접수와 동시에 피해학생 측에서 분리를 요청하는지 여부를 확인합니다. 상황에 따라 학교장 긴급조치를 원하는 경우, 학교 내의 절차를 거쳐 피해학생이나 가해학생 즉시 분리를 진행합니다. 이때 관련 학생과 보호자의 의견을 반드시 청취하여야 합니다.

교육청에 보고하는 사안접수 보고서를 작성할 때에는 학교명, 교감, 담당자 정보 작성을 합니다. 접수 일시는 감지·인지한 시점을 기준으로 합니다. 내용은 육하원칙에 의하여 간략히 기재하되, 구체적인 상황을 파악할 수 있도록 확인한 후 작성합니다.

사안과 관련된 모든 학생을 기재하되 장애학생/ 다문화학생/ 탈북학생 등을 확인하여 기재합니다. 기타 경찰 조사가 이루어지는 부분이 확인되는 경우 기타 사항에 기재하고, 성관련 사안의 경우는 반드시 112(117)에 신고합니다.

이 내용은 지역에 따라 안내 지침이 다른 내용 중 하나입니다. 지역별 지침이 다르니 확인하여 진행하시기 바랍니다. 제가 근무하는 지역에서는 학교폭력 사안을 112에 전화하는 경우 무전으로 안내하는 경우가 있어, 117로 신고하여 진행하는 것을 추천합니다.

학생 확인서를 작성할 때 학생에게 바로 작성을 하도록 하는 경우에는 당사자인 학생도 정리가 안됩니다. 업무를 담당하는 선생님도 도대체 학생이 무슨 일이 있었는지 파악이 어렵습니다.

팁을 알려드립니다. 학생과의 충분한 상담을 진행합니다. 상담하며 키워드를 메모합니다. 메모한 키워드를 시간순으로 나열합니다. 마지막으로 학생에게 키워드가 들어가도록 작성하게 합니다. 이때 별도의 종이에 작성하게 한 후 옮겨 적는 것을 추천합니다. 물론 작문실력이 뛰어난 경우에는 바로 적어도 되겠죠?

보호자 확인서의 경우 내용을 충실하게 기록하는 것을 요청하되 학생 확인서를 작성할 때 함께 동석하여 상담하는 내용을 듣고 자녀와 충분히 소통한 후 기록하는 것을 추천합니다.

학교에서 담당자와 교사들은 학생이 학교생활을 잘할 수 있도록 도움을 주는 과정임을 꼭 안내할 필요가 있습니다. 담당자는 학생의 학부모에게 어른의 위치에서 아이의 상황을 객관적으로 판단하고 도움을 줄 수 있도록 안내하는 것이 필요합니다.

'분리 확인서'는 2021.6.23.부터 시행되고 있습니다. 현재는 피해학생이 분리를 요청하는 경우 진행합니다. 이때 학교장 결재를 받아야 합니다. 시행과 동시에 논란이 있어왔고, 전국의 업무담당자에게 의견수렴 후 변동이 가능합니다.

분리(접수 후 3일 이내, 7일로 변경예정)의 진행과 관계없이 우선 학교장 긴급조치를 진행할 수 있습니다. 피해학생이나 가해학생 모두 진행할 수 있는데, 보호자와 학생의 의견청취를 반드시 진행하여야 하고, 기록으로 남기게 되어 있습니다. 이때는 '긴급조치 보고서'의 작성을 하여 학폭위(교육지원청)에 보고합니다. 학교폭력 사안 접수과정은 48시간 이내에 교육청 보고가 이루어져야 하기에 긴급히 진행되어야 합니다. 상황을 파악하고 학생들 간의 피해나 가해 여부를 정확히 파악하여야 합니다.

학폭 사안을 확인해보면 학생들 간에는 화해하고 잘 지내는데 보호자들끼리의 감정싸움이 진행되는 경우도 있습니다. 학생과 보호자 간 2차 피해가 발생하지 않도록 안정시키는 것이 무엇보다 중요합니다.

학교폭력 사안은 같은 학교의 학생들과의 관계에서만 발생하지는 않습니다. 다른 학교의 학생들과도 발생하는 경우가 있습니다. 이때에는 학생이 재학하고 있는 학교를 파악하여 담당 선생님에게 알려주어야 합니다. 사안의 정확한 파악을 위함입니다. 재학하고 있는 학교에 알렸다면 처리절차에 따라서 함께 진행합니다.

학교의 소재지가 다른 경우는 교육지원청간 공동학교폭력대책심의위원회를 구성하여 운영합니다. 교육지원청마다 방식이 약간은 다른 경우가 있습니다. 학폭위 개최를 담당 장학사님들과 협의하여 학생과 보호자에게 안내합니다.

피해를 주장하는 학생이 가해로 지목을 했다고 하더라도 학교폭력이 접수되어 결과 통보가 나오기 전까지는 '관련학생'으로 명명해주는 것이 좋습니다. 일부 사안의 경우 양쪽이 주고받은 피해가 있을 수 있기 때문입니다. '피해'나 '가해'에 관한 판단은 학교폭력대책심의위원회에서 판단하도록 하면 됩니다.

5. 학교폭력 전담기구와 학교장 종결제

학교폭력이 접수되면 학교폭력 책임교사와 학생부장 등의 담당자는 각종 민원이 발생하는 위험을 감수하고 사안처리를 진행합니다. 신중에 신중을 기하되 정해진 매뉴얼에 따라 처리하는 것이 중요합니다.

학교폭력 담당은 기피업무입니다. 매년 담당자가 바뀌는 학교가 대부분입니다. 메뉴얼을 보지 않고도 상담을 진행할 정도로 업무에 도사가 되어야 합니다. 학생과 학부모에게 담당자가 베테랑으로 보여야 민원도 줄어들게 마련입니다. 학생과 학부모를 만족시킴과 동시에 나 자신을 지킬 수 있는 길입니다.

학교폭력 사안의 접수 이후 학생 확인서, 보호자 확인서, 즉시 분리 확인서, 긴급조치 확인서 등의 자료가 수집되면 이 내용을 바탕으로 사안조사 보고서를 작성합니다. 사안조사 보고서의 최종본은 '학교폭력 전담기구'에서 확인한 내용을 바탕으로 학교장 내부결재를 거쳐 확인합니다.

사안 유형에 관한 간략한 기재를 하고, 관련 학생과 사안 개요를 작성합니다. 사안 개요는 접수 보고서에 들어간 내용을 참고합니다. 확인된 내용을 정확히 작성합니다. 사안 경위는 접수부터 학교폭력 전담기구에서 확인한 내용까지 시간순으로 기록하는 방법을 추천합니다. 자체 해결 요건에 충족하는지 여부는 학교폭력 전담기구에서 확인하여 학교장 종결의 객관적 요건의 4개 항목을 만족하는지 여부와 피해 학생, 보호자가 자체 해결에 동의하는지 여부를 작성합니다.

다음은 주요 쟁점 사안을 작성합니다. 피해학생 측과 가해학생 측의 진술이 다른 경우 의견이 상충되는 내용에 초점을 맞추어 작성하는 것이 좋습니다. 학폭위 심의가 원활히 진행될 수 있도록 공통적으로 인정하고 있는 내용의 경우는 하나의 쟁점으로 작성하여 주는 방법도 추천합니다.

학교폭력대책심의위원회를 비롯한 학생의 징계와 관련한 위원회는 목적이 처벌에 있는 것이 아닙니다. 학생들의 교육적 생활태도 개선과 학교생활에 도움을 줄 수 있도록 하는데 초점을 맞추고 있습니다.

가해학생의 심각성, 지속성, 고의성 여부, 반성 정도와 화해 정도는 학폭 결정 시 중요한 판단 요인이 될 수 있으므로 정성껏 작성하는 것이 피해 학생에게 도움이 됩니다.

학교장의 분리보호 여부에 관하여는 2021.6.23.부터 시행되는 내용인데, 피해학생이 요청하는 경우 접수와 동시에 3일간(공휴일포함, 7일로 연장예정)의 기간으로 내부결재 후 진행합니다. 분리제도는 학교장 긴급조치의 출석정지가 진행되면 자동으로 종료됩니다.

다음으로 학교장 긴급조치 여부를 작성합니다. 피해 또는 가해학생의 내용을 기술하되 없으면 '해당 없음'으로 기재합니다. 학교폭력 재발 현황과 특이사항, 고려사항 등 기타 학교에서 요구하는 사항 등도 기재하여 마무리합니다.

학교폭력 전담기구에서는 사안조사 내용을 확인하고, 학교폭력 사안의 확인과 학교장 자체 해결 가능요건의 4가지가 모두 해당하는지를 확인합니다.

1. 2주 이상의 신체적 정신적 치료를 요하는 진단서를 발급받지 않은 경우
2. 재산상 피해가 없거나 즉각 복구된 경우
3. 학교폭력이 지속적이지 않은 경우
4. 학교폭력에 대한 신고, 진술, 자료제공 등에 대한 보복행위가 아닌 경우

위의 4가지가 모두 'O'로 확인된 경우, 학교장 자체 해결이 가능한 요건으로 판단합니다. 이때 피해학생과 보호자 모두 학교장 자체 해결에 동의하는 경우 학교장 종결이 됩니다, 동의하지 않는 경우에는 교육지원청에 학교폭력대책심의위원회 개최 요청을 합니다. 학교장 자체 해결 요건에 충족하지 않는 경우에는 별도의 동의 절차 없이 교육지원청에 학교폭력대책심의위원회 개최 요청을 합니다.

학교폭력 사안 접수부터 개최 요청까지 14일 이내에 진행하여야 하나, 확인이 추가로 필요하거나 학교별 학사일정 등의 상황을 고려하여 학교장이 7일 이내의 범위(총 21일

이내)에서 내부결재를 통하여 연장하여 진행할 수 있습니다.

학교폭력 사안을 접수하는 과정을 진행함과 동시에 관계 회복 프로그램을 진행할 수 있습니다. 물론 관련 학생과 보호자의 동의를 받아야 하고, 동의하지 않는 경우 진행하기 어렵습니다. 학교폭력으로 사안처리가 되고 있는 와중에 관계 회복을 동시에 진행하는 것이 쉽지는 않으나, 사안에 따라서는 잘 해결되는 경우도 가끔 있으니 관계 회복, 화해 분쟁조정 프로그램 등에 관한 내용도 확인하면 사안처리에 많은 도움이 됩니다.

6. 학교폭력대책심의위원회 개최 전까지 할 일

학폭위 개최를 요청한 후에는 교육청과 학교의 업무담당자들과 긴밀히 협력해야 합니다. 학폭위에는 학교폭력 접수, 전담기구, 학폭위 개최 요청 이후에 학생의 변화 등도 고려할 요소가 됩니다. 따라서 개최 요청을 한 이후라도 시간순으로 일목요연하게 학생이나 보호자의 변화과정이나 행동 등을 기록해둘 필요가 있다. 상황에 따라서는 개최 요청 이후라도 피해학생과 보호자 생각을 바꾸어 학폭위 개최 취소를 요청하는 경우도 있습니다.

교육지원청에서 학폭위를 진행하는데 이는 개최 요청 후 3주, 연장을 1주 진행할 수 있으니 최장 4주 후에 끝나게 되기도 합니다. 교육지원청 차원에서 학폭위를 운영하는 것이 학교에서 진행하였을 당시보다는 공신력과 전문성을 위한다는 긍정적인 면도 있으나, 학교폭력 사안이 접수되고 결과 통보까지는 최장 7주의 시간이 필요할 수 있습니다. 사안에 따라 1달 반이상 지나서 진행하게 될 수도 있다. 어제 일도 기억이 안나는 경우도 있는데 1달 반이 지나는 경우는 기록을 해두지 않으면 낭패를 볼 수 있습니다.

학폭위가 진행되기 전에 학교에서 해야 할 일이 모두 끝났는데 무엇을 더 해야 할까요? 교육청에서 학폭위를 진행하기 위해서는 학생들의 학교생활에 관한 자료가 조금 더 필요한데, 서류만 놓고 판단해야 하니 객관적 자료가 부족합니다.

일부 학폭위에서는 학교의 업무담당자를 사전회의에 출석하게 하여 관련한 내용의 브리핑을 하는 경우도 있습니다. 당연히 학교의 업무담당자에게 학폭위 진행 중에 전화로 확인을 하는 경우도 있으니 여러 가지 상황에 관하여 준비하여야 합니다.

상황에 따라서는 야간이나 휴일에 급히 업무를 처리하거나 모르는 부분이 있는 경우가 발생하곤 합니다. 학폭위를 진행하는 장학사, 주무관등의 담당자와 핫라인을 만들어두면 많은 도움이 됩니다.

담임교사, 학교폭력 책임교사, 학생부장 등은 학교폭력 사안처리 중 관련 학생의 정보를 끊임없이 공유하여야 합니

다. 혹시 심경의 변화가 생길 수 있기 때문입니다. 가능하면
학교폭력이 발생한 상황 이전의 학생의 학교생활도 확인하
여 기록해두는 것이 좋습니다.

7. 학교폭력대책심의위원회 진행순서

모든 학교폭력 사안은 '케바케(case by case)'입니다. 비
슷한듯하지만 사안에 따라 모두 다르죠. 그만큼 결과를 예
측하기 어렵습니다. 학교폭력과 관련한 업무를 하다 보면
어렴풋이 알게 되는 경우 '이 정도 나오겠네' 하고 예단하
여 낭패를 보는 경우가 많이 발생합니다.

가끔 학교폭력과 관련한 사례집이 문서로 돌고 있는 경
우도 있는데 참고만 하고 결과에 관한 예단을 하면 안됩니
다. 어느 정도는 예측이 가능할 수 있지만 예측해서 상담을
진행하는 등의 상황을 연출하거나 하면 안 됩니다. 학교폭
력 사안처리를 최대한 공정하게 가해학생과 피해학생 측에
서 납득할 수 있도록 하는 것이 좋습니다.

학폭위 구성 방법을 확인해보겠습니다. 교육지원청 단위
에서 진행되니 전제적인 진행방법은 유사하지만 시도교육청
지침이나 교육지원청의 방침에 따라 다를 수 있고, 사안에
따라 순서를 다르게 진행하기도 합니다.

학폭위를 구성하고 있는 위원은 각 시도교육청의 지침과
구성하고 있는 내용을 구체적으로 일일이 나열하기는 어렵

습니다. 단, 교육지원청의 심의위원회는 10명 ~ 50명 이내로 구성하며 관내 초·중·고의 학부모 비중이 전체의 30%로 규정되어 있습니다.

지역에 따라 다르겠지만 50명 정도로 구성되어 있다면 소위원회를 구성하여 진행합니다. 보통 주 2~4회가 진행되며 소위원회가 돌아가며 진행합니다. 사안에 따라 전문적인 소위원회가 배정되기도 하며, 소위원회의 구성원 역시 사안이나 상황에 따라 변경되기도 합니다.

학폭위가 진행되기 전 교육지원청의 담당자는 관련 학생들에게 학폭위 개최를 알리는 통지문을 우편으로 발송합니다. 학교의 담당자나 교육지원청의 담당자가 직접 출석 유무를 확인합니다. 관련 학생 측에서 진행되는 상황에 참고할 만한 내용을 추가로 제출하게 되는 경우, 학폭위에 출석할 때 제출해도 위원들에게 전달되니 소명할 자료가 있는 경우 준비해서 참석하도록 안내합니다.

학교의 업무담당자를 출석하도록 하는 경우는 평소의 학교생활, 학폭 사안 접수 이전의 학교생활, 학생들 간의 관계, 학폭 접수 이후의 학교생활 등을 종합적으로 정리하여 안내를 하는 것이 좋습니다. 사안과 관련한 구체적인 내용에 관하여 안내를 하고, 교육지원청에 개최 요청을 한 이후에 문서로 전달되지 않은 학생과 학부모의 심경의 변화들이나 학교에 잘 적응하고 다니는지 여부 등을 안내하여 학폭위에서 결정하는데 도움이 될 수 있도록 합니다.

학폭위 진행방법을 확인해보겠습니다. 관련 학생이 중복되지 않도록 시간을 나누어 안내를 합니다. 관련학생별로 대기실이 다른 경우도 있습니다. 보통은 피해 관련 학생과 보호자가 먼저 입실하여 피해사실에 관하여 먼저 확인을 합니다.

입실하라고 하면 학생과 보호자의 좌석으로 가서 앉게 됩니다. 이후 학폭위 진행과정을 안내하고, 학폭위의 위원 중 '제척, 기피, 회피' 대상인 위원이 있는지 확인한 후 다름 절차를 진행합니다.

서류에 있는 내용을 파악한 이후에 피해사실과 학교폭력 사안 이후에 어떻게 지내고 있는지, 상대방 학생과 화해를 했는지, 사과는 있었는지, 상대방 학생과 잘 지낼 수 있는지 등을 확인합니다.

학폭위의 개최 목적이 처벌에 있는 것이 아니라 교육적인 효과를 통해 학교생활에 잘 적응하고 다닐 수 있도록 하는 것을 목적으로 하고 있기 때문입니다. 마지막으로 하고 싶은 말이 있으면 하라고 하고 퇴장을 하기 전에 결정통보에 관한 내용에 관하여 간략히 안내를 합니다.

가해 관련 학생도 피해 관련 학생과 같은 방법으로 진행하며, 학생이 여러 명인 경우에도 시간을 두고 진행합니다. 출석하는 모든 학생들의 질의응답이 끝나면 학생과 보호자가 퇴실한 이후, 사안과 관련하여 학폭 위원들이 결정을 진행합니다.

학폭 위원들이 결정을 진행할 때에는 '학교폭력'에 해당하는지부터 판단합니다. 사안에 따라서는 '학교폭력이 아님'으로 판단하는 경우도 있는데 이때에는 피해학생이나 가해학생에 관한 조치는 '조치사항 없음'으로 결정합니다.

'학교폭력'에 해당하는 경우 피해학생에 관한 조치를 먼저 결정합니다. 이후 가해학생에 관한 조치를 진행하게 되는데 이것도 마찬가지로 여러 명이 있는 경우 학생별로 각각 진행하게 됩니다.

조치 결정통보 역시 우편으로 진행하며 지역교육청별 사정에 따라 다르지만 학폭위 개최일부터 대략 7~10일 이내에 통지됩니다.

제16화 학교폭력 사안처리 실제 Ⅱ

조치결정 통보 이후의 처리방법

학폭위가 진행되는 과정에서 피해학생과 가해학생의 사실확인 작업이 끝나면 학교폭력 여부를 확인하고 피해학생과 가해학생의 처분을 결정합니다.

1. 피해학생 보호조치

피해학생의 보호조치 관련 근거를 살펴보겠습니다. '학교폭력 예방 및 대책에 관한 법률(이하 '학폭예방법')과 같은법 시행령에 근거합니다. 피해학생의 보호조치는 학폭예방법 제16조제1항의 내용을 근거로 하여 처분합니다.

학교폭력 예방법 제16조(피해학생의 보호)

① 심의위원회는 피해학생의 보호를 위하여 필요하다고 인정하는 때에는 피해학생에 대하여 다음 각 호의 어느 하나에 해당하는 조치(수 개의 조치를 동시에 부과하는 경우를 포함한다)를 할 것을 교육장(교육장이 없는 경우 제12조 제1항에 따라 조례로 정한 기관의 장으로 한다. 이하 같다)에게 요청할 수 있다. 다만, 학교의 장은 학교폭력사건을 인지한 경우 피해학생의 반대의사 등 대통령령으로 정하는 특별한 사정이 없으면 지체 없이 가해자(교사를 포함한다)와 피해학생을 분리하여야 하며, 피해학생이 긴급보호를 요청하는 경우에는 제1호, 제2호 및 제6호의 조치를 할 수 있다. 이 경우 학교의 장은 심의위원회에 즉시 보고하여야 한다. <개정 2012. 3. 21., 2017. 4. 18., 2019. 8. 20., 2020. 12. 22., 2021. 3. 23.>

1. 학내외 전문가에 의한 심리상담 및 조언
2. 일시보호
3. 치료 및 치료를 위한 요양
4. 학급교체
5. 삭제 <2012. 3. 21.>
6. 그밖에 피해학생의 보호를 위하여 필요한 조치

피해학생 보호조치는 반드시 이행하지 않아도됩니다. 학폭위에서 학교폭력으로 판단한 경우 피해학생의 보호조치와 가해학생의 선도조치를 결정합니다. 피해학생의 보호조치는 처분이 내려졌다고 하더라도 의무가 아니라 선택이기 때문에, 학생과 보호자가 보호 조치가 필요한 경우 학교의 담당자와 상의하여 진행하면 됩니다.

피해학생의 보호조치는 선택사항입니다. 학폭위에서 결정을 하였다고 하더라도 반드시 이행할 필요는 없으나, 위원들이 판단하기에 학생이 이런 조치는 필요하다고 생각하여 결정한 것이니 한 번쯤은 생각해보도록 학생과 학부모에게 상담하기를 권유합니다.

< 학교폭력 예방법 제16조 제3항 >

'제1항에 따른 요청이 있는 때에는 교육장은 피해학생의 보호자의 동의를 받아 7일 이내에 해당 조치를 하여야 한다.'라고 법률로 규정하고 있습니다.

피해학생 결정 통지서에도 가해학생의 선도조치를 확인할 수 있습니다. 피해학생 보호조치는 선택하여 이행이 가능하지만 가해학생의 선도조치의 경우 선택하여 이행을 진행할 수는 없습니다. 결과 처분에 대하여 이의가 있는 경우 '행정심판' 제도를 통하여 불복절차를 진행하면 됩니다.

학폭위의 결정통지는 학폭위에서 장시간의 심도 있는 논의를 통하여 결정한 내용입니다. 위원들의 의견을 존중하는 태도를 보여주는 것이 바람직하지만, 불복절차는 학생과 보호자의 권리입니다.

불복절차에 관한 내용도 결과 처분 통지서에 자세히 기록되어 있습니다. 학생과 학부모가 학폭위 결과에 관한 이의제기와 불복절차를 진행할 필요를 느낀다면 학교의 담당자와 교육청에 문의하여 해당 교육청의 행정심판위원회에 행정심판을 청구하여 진행하도록 안내합니다.

2. 가해학생 선도조치

다음은 가해학생 선도조치를 살펴보겠습니다. 가해학생의 선도조치는 선택하여 이행을 진행할 수는 없습니다. 결과 처분에 대하여 이의가 있는 경우 '행정심판' 제도를 통하여 불복절차를 진행하면 됩니다. 불복절차에 관한 내용도 결과 처분 통지서에 자세히 기록되어 있으니 확인 후 학교의 담당자와 교육청에 문의하여 진행하면 됩니다.

가해학생의 선도조치는 '학교폭력 예방 및 대책에 관한 법률(이하 '학폭예방법')'의 제17조 제1항의 내용을 근거로 하여 처분합니다. 제17조 제1항 제9호의 퇴학처분은 고등학교만 해당되고, 초등학교, 중학교는 제8호까지 처분을 내릴 수 있습니다.

학교폭력 예방법 제17조(가해학생에 대한 조치)

① 심의위원회는 피해학생의 보호와 가해학생의 선도·교육을 위하여 가해학생에 대하여 다음 각 호의 어느 하나에 해당하는 조치(수 개의 조치를 동시에 부과하는 경우를 포함한다)를 할 것을 교육장에게 요청하여야 하며, 각 조치별 적용 기준은 대통령령으로 정한다. 다만, 퇴학처분은 의무교육과정에 있는 가해학생에 대하여는 적용하지 아니한다. <개정 2009. 5. 8., 2012. 1. 26., 2012. 3. 21., 2019. 8. 20., 2021. 3. 23.>

1. 피해학생에 대한 서면사과

2. 피해학생 및 신고·고발 학생에 대한 접촉, 협박 및 보복행위의 금지

3. 학교에서의 봉사

4. 사회봉사

5. 학내외 전문가에 의한 특별 교육 이수 또는 심리치료

6. 출석정지

7. 학급교체

8. 전학

9. 퇴학처분

가해학생 선도조치를 결정하는 방법을 확인해보겠습니다. 학폭위에서 위원들이 판단하는 기본 판단요소로 학교폭력의 심각성, 지속성, 고의성, 가해학생의 반성 정도, 화해 정도를 기준으로 합니다. '학교폭력 가해학생 조치별 적용 세부기준'을 참고하여 위원들의 평균점수가 아니라 각각의 항목에 다수결의 원칙을 적용하여 많이 나온 점수를 결정합니다.

이후 부가적 판단요소로 '가해학생의 선도 가능성'과 '피해학생의 장애학생인지 여부'를 종합적으로 판단하여 조치를 가중 또는 경감할 수 있습니다. 부과된 점수를 바탕으로 처분을 내리게 되며, 이때 학생과 보호자에게 특별교육을 병과 하여 부과할 수 있습니다.

학교폭력 가해학생의 특별교육은 제5호의 '조치로서의 특별교육'과 '부가된 특별교육'으로 구분할 수 있습니다. '부가된 특별교육'은 생활기록부 기재 대상이 아닙니다.

제1항 제2호부터 제4호까지 및 제6호부터 제8호까지의 처분을 받은 가해학생은 제17조 제3항에 의거하여 교육감이 정한 기관에서 특별교육을 이수하거나 심리치료를 받도록 병과 된 특별교육을 이수하도록 합니다. 또한 제17조 제9항에 의거하여 가해학생이 특별교육을 이수할 경우 해당 학생의 보호자도 함께 교육을 받게 하여야 합니다. 학부모가 부가된 특별교육을 이행하지 않는 경우에는 학폭예방법 제23조 제1항에 근거하여 300만 원 이하의 과태료가 부

[별표] 학교폭력 가해학생 조치별 적용 세부 기준

			기본 판단 요소					부가적 판단요소	
			학교폭력의 심각성	학교폭력의 지속성	학교폭력의 고의성	가해학생의 반성 정도	화해 정도	해당 조치로 인한 가해학생의 선도가능성	피해학생이 장애학생인지 여부
판정 점수		4점	매우 높음	매우 높음	매우 높음	없음	없음	해당점수에 따른 조치에도 불구하고 가해학생의 선도가능성 및 피해학생의 보호를 고려하여 시행령제14조 제5항에 따라 학교폭력대책 심의위원회 출석위원 과반수의 찬성으로 가해학생에 대한 조치를 가중 또는 경감할 수 있음	피해학생이 장애학생인 경우 가해학생에 대한 조치를 가중할 수 있음
		3점	높음	높음	높음	낮음	낮음		
		2점	보통	보통	보통	보통	보통		
		1점	낮음	낮음	낮음	높음	높음		
		0점	없음	없음	없음	매우 높음	매우 높음		
가해학생에 대한 조치	교내 선도	1호	피해학생에 대한 서면사과	1~3점					
		2호	피해학생 및 신고·고발 학생에 대한 접촉, 협박 및 보복행위의 금지	피해학생 및 신고·고발학생의 보호에 필요하다고 심의위원회가 의결할 경우					
		3호	학교에서의 봉사	4~6점					
	외부 기관 연계 선도	4호	사회봉사	7~9점					
		5호	학내외 전문가에 의한 특별 교육이수 또는 심리치료	가해학생 선도·교육에 필요하다고 심의위원회가 의결할 경우					
	교육 환경 변화	교내 6호	출석정지	10~12점					
		교내 7호	학급교체	13~15점					
		교외 8호	전학	16~20점					
		교외 9호	퇴학처분	16~20점					

※ 해당 조치로 인한 가해학생의 선도가능성을 판단할 때 해당 학교 급(초,중,고)내에서 학교폭력 재발 여부를 고려할 수 있음.

< 2023 학교폭력 사안처리 가이드북 p.145 >

과될 수 있습니다.

3. 선도조치의 이행

특별교육의 경우, 시도교육청과 연계된 특별교육기관의 명단을 연초에 학교에 공문으로 안내를 하게 됩니다. 기관에 일정, 장소, 대상 학생 등을 협의하여 진행하니 학교의 학교폭력 책임교사, 학생부장 등에게 문의하여 3개월 이내에 특별교육을 이수하면 됩니다.

2020학년도부터 변경된 내용 중 하나로 학폭예방법 제17조 제11항 제1호~ 제3호까지의 결정은 이행일을 정하여 결과 통지에 기록을 합니다. 이 내용은 학교생활기록부 '조건부 기재 유보'와 연관되어 있는데 조치사항을 이행하는 경우에는 1회에 한하여 학교생활기록부에 기록을 하지 않고, 이행을 하지 않으면 학교생활기록부에 기록하도록 되어 있습니다.

4. 학폭 가해학생의 학교생활기록부 기록과 삭제

학교생활기록부 기록은 기본적으로 매년 교육부에서 보급하는 '학교생활기록부 기재요령' 책자를 기준으로 기록하여야 합니다. 구체적인 작성과 관리에 관한 사항은 '학교생활기록 작성 및 관리지침'에 의거하여 기록합니다. 가해학생 선도조치는 '공문을 접수한 즉시' 학교생활기록부에 기재합니다.

행정심판을 접수한다고 하더라도 공문을 접수한 즉시 학교생활기록부에 기재합니다. 행정심판의 결과로 조치가 변경될 경우 수정을 합니다. 수정할때 조치 결정일자는 변경하지 않습니다.

학교폭력 예방 및 대책에 관한 법률(이하 '학교폭력에 예방법') 제17조 제1항 제1호·제2호·제3호 조치의 조건부 기재 유보는 두 가지의 경우가 있습니다.

첫 번째, 결과 통지에 이행일을 기록하게 되는데 이행일 이전에 이행을 완료한 경우 학교생활기록부에 기록하지 않고, 이행일까지도 이행을 하지 않는 경우 학교생활기록부에 기록합니다.

두 번째, 각 학교별 학교생활기록부 조건부 기재 유보 대장에 명단을 작성해 두었다가 해당 학생의 학교폭력 사안이 2회 발생하는 경우에도 학교생활기록부에 기록합니다.

혹시 학적변동(전출, 자퇴)이 있는 경우 학교폭력 조치사항을 기록한 후 학적 처리하며, 특별교육 등의 선도조치를 이행 완료한 이후 처리합니다.

학폭위의 조치이행이 완료될 때따기 원칙적으로는 학적변동을 제한합니다. 단, 학교의 장이 관련학생간 분리가 불가피하다고 인정하는 경우에는 조치가 미이행 되었더라도 내부결재를 받고 전학등의 조치를 취할 수 있습니다.

4-1. 학교생활기록부 학교폭력 조치사항 기록

○ 행동특성 및 종합의견에 기록하는 내용은 학교폭력에 예방법 제17조 제1항 제1호·제2호·제3호·제7호입니다.

○ 출결사항 특기사항에 기록하는 내용은 제4호, 제5호, 제6호입니다.

○ 인적·학적사항 특기사항에 기록하는 내용은 제8호·제9호의 내용입니다.

● 학교폭력대책심의위원회에서 결정된 가해학생 조치사항에 대한 학교생활기록부 기록 및 삭제는 표와 같다.
  구체적인 관리방법은「학교생활기록 작성 및 관리지침」을 따른다

가해학생 조치사항 「학교폭력예방 및 대책에 관한 법률」제17조제1항	학교생활기록부 영역	삭제 시기
제1호(피해학생에 대한 서면사과)	행동특성 및 종합의견	■ 졸업과 동시(졸업식 이후부터 2월 말 사이 졸업생 학적반영 이전) ■ 학업중단자는 해당 학생이 학적을 유지하였을 경우를 가정하여 졸업할 시점
제2호(피해학생 및 신고·고발 학생에 대한 접촉, 협박 및 보복행위의 금지)		
제3호(학교에서의 봉사)		
제4호(사회봉사)	출결상황 특기사항	■ 졸업일로부터 2년 후 ■ 졸업 직전 학교폭력 전담기구의 심의를 거쳐 졸업과 동시 삭제 가능 ■ 학업중단자는 해당 학생이 학적을 유지하였을 경우를 가정하여 졸업하였을 시점으로부터 2년 후
제5호(학내외 전문가에 의한 특별교육 이수 또는 심리 치료)		
제6호(출석정지)		
제7호(학급교체)	행동특성 및 종합의견	
제8호(전학)	인적·학적사항 특기사항	■ 졸업일로부터 2년 후
제9호(퇴학처분)		■ 삭제 대상 아님

※ 2023.2.28. 이전 신고된 학교폭력 사안의 삭제 시기 및 방법은「2022학년도 학교생활기록부 기재요령」에 따른다.

2023 학교폭력 사안처리 가이드북 p.83

4-2. 학교생활기록부 학교폭력 조치사항 삭제

학생들의 학적은 해당 학년도 2월 말까지이므로 졸업식을 기준으로 하는 것이 아니라 2월 말을 졸업으로 보기에 2월에 삭제 절차를 진행합니다.

2023년 3월부터 접수된 사안은 학교폭력 예방법 제17조 제1항 제1호·제2호·제3호는 졸업과 동시에 삭제합니다. 제4호, 제6호, 제7호 조치는 졸업 후 2년 후에 삭제하는 것을 원칙으로 합니다. 그러나 졸업 직전 전담기구에서 심의를 거쳐 졸업과 동시에 삭제 가능하며 이때 학생의 반성 정도와 긍정적 행동변화 정도 등을 고려하여 진행합니다.

제4호, 제6호, 제7호의 내용을 졸업과 동시에 삭제하려고 하는 경우 학교폭력 사안이 1회만 있어야 하고, 졸업학년도 8월 31일 이전의 사안이어야 하며, 담임교사의견서, 가해학생 특별교육 이수증, 학부모 특별교육 이수증, 자필 자기 의견서 등의 요건을 충족한 후 학교폭력 전담기구에서 삭제를 결정한 학생을 대상으로 합니다. 이 명단은 학업성적관리위원회에 통보하여 학교생활기록부 정정 절차를 거치도록 합니다.

학교폭력 가해학생 선도조치의 부정적인 내용을 학교생활기록부에 기재하는 것이 안타깝기는 합니다. 처분에 따라 다르지만 즉시 기록했다가 졸업 직후 또는 졸업 후 2년 이후 삭제를 진행하고 있습니다.

학교에서의 학교폭력 사안 발생을 줄이고, 모두가 행복한 학교를 만들 수 있도록 전국의 학교폭력 책임교사와 생활지도 담당선생님, 그리고 학생부장님들 힘내세요~!!

5. 학폭 결과의 불복절차- 행정심판, 행정소송

예전 학교폭력대책자치위원회가 학교에서 열릴 때부터 느끼는 것이지만, 학폭위의 분위기가 썩 유쾌하지는 않습니다. 이쯤 되면 익숙해질 만도 한데, 부정적인 주제를 다루는 일이다 보니 더 그렇게 느껴질 수 있습니다.

학교폭력 사안을 처리하다 보면 결과를 예측할 수 없는 일들이 많이 발생합니다. 이 건은 해결하기 어렵겠다고 생각되는 일이 갑자기 피해학생과 보호자가 원만하게 이야기가 되어서 학교장 종결로 끝나기도 합니다.

잘 이야기하면 학교장 종결로 끝날 것 같던 일들도 사소한 말실수들이 반복되어 보호자들 간의 감정싸움이 되기도 합니다. 대개 이러한 경우에는 학생들끼리는 학교폭력 이전의 상태까지는 아니더라도 잘 지내는 경우가 많습니다.

학교폭력 사안으로 접수하고 처리하는 과정에서 특히 학교폭력대책심의위원회(이하 '학폭위')를 거치게 되면 학생과 보호자 간 감정의 골이 더 깊어지곤 합니다. 학폭위에서 사실 확인하는 와중에 상대방의 의견을 전달하려고 의도하지는 않았으나 모르던 일도 알게 되는 경우도 있습니다. 학교폭력 결과에 관한 이의제기와 불복절차를 진행하는 것은 학생과 보호자의 당연한 권리이니 담당자라고 해서 주눅 들 필요가 전혀 없습니다.

5-1. 행정심판

첫 번째 불복절차는 행정심판입니다. 학폭위의 결과 통지에 대하여 불복절차를 진행하려고 하는 경우 결과 통지에 기재된 것처럼 '처분이 있음을 알게 된 날부터 90일 이내, 처분이 있었던 날부터 180일 이내' 행정심판을 청구합니다.

처분이 있음을 안 날은 등기우편으로 통지를 받은 날로 계산됩니다. 등기우편에 우체국 송장번호가 있으니 확인하기 수월합니다. 등기우편으로 받지 못하는 경우 직접 교부하고 확인서를 받기도 합니다. 이때는 확인서를 받은 날 기준으로 합니다.

이때에는 교육지원청의 장학사, 주무관 등에게 문의하여 접수를 진행하면 됩니다. 어려워하지 말고 연락해보세요. 대개 시도교육청에 설치된 '교육행정심판위원회'에 접수를 하여 처리합니다. 행정심판을 접수할 때에는 학폭위의 결과 통지서를 가지고 가서 행정심판 청구서를 접수하여야 합니다. 교육행정심판위원회에 행정심판을 청구하는 양식이 있으니 해당 시도교육청에 문의하면 됩니다.

행정심판을 접수할 때 집행정지를 함께 신청할 수 있습니다. 이 경우 행정심판위원회의 결정이 있을 때까지 학폭위 결과 통지의 이행을 보류할 수 있습니다.

학교생활기록부에 학교폭력 조치사항의 기재는 공문을 받는 즉시 기재하게 되지만, 집행정지를 신청했다고 하여 생

활기록부 기재한 내용을 삭제하면 안 됩니다. 나중에 행정
심판의 결과를 받게 되면 수정하면 됩니다.

5-2. 행정소송

두 번째 불복절차는 행정소송입니다. 행정소송은 행정청
의 위법한 처분에 관하여 법적용이 정해전 절차에 의해서
진행되었는지 '법원'에서 판단하는 절차입니다.

'처분이 있음을 안 날부터 90일 이내'에 진행하여야 하
고, 행정심판을 거치지 않고 바로 행정소송을 제기할 수 있
습니다. 이 경우에는 처분의 절차 또는 효력을 정지하기 위
한 집행정지 결정이 있어야 합니다.

학교폭력 사안처리를 하는 과정에서 학생, 보호자 모두
학교생활을 다시 정상적으로 할 수 있도록 해달라고 하는
요청이 있습니다. 학폭위에서도 학교생활을 원만하게 할 수
있도록 도움을 주어야 하는데 그 과정이 쉽지만은 않습니
다. 학폭위를 거치게 되면 학생과 보호자가 마음의 상처를
입는 경우가 더러 있고, 결과가 만족스럽지 않은 경우도 있
기 마련입니다.

학교폭력뿐만이 아니라 선도, 교권 등의 생활지도를 담
당하는 학생부 교사들의 고충은 '우리는 교원임용고사를 보
고 교사로 발령을 받았는데, 왜 수업을 준비하고 진행하는
시간보다 사안 확인하고 처리하는데 시간을 더 허비하여야

하는가' 입니다.

학생부 교사들의 평균 연령이 어려지고 있습니다. 경력이 많은 교사들이 생활지도와 같은 숙련된 노하우가 필요한 일에 지원을 해주면 좋겠지만 절차가 복잡한 행정업무와 문서를 만들어 내기 어려울뿐더러, 학생과 보호자 민원을 받아야 하고, 감정의 쓰레기통을 담당하는 사람을 뽑아야 하니 더더욱 그렇습니다. 생활지도를 담당하는 학생부 교사들의 감정노동을 보상해줄 수 있는 대안 마련이 시급합니다.

[마치며]

2022년 CHATGPT라는 인공지능이 공개되었습니다. OPENAI에서 만들어낸 생성형 인공지능이죠. 관련한 업계에서는 파생한 상품을 만들어내기 위한 연구를 진행하고 있습니다. 교육적으로 활용하기 위한 방법에는 어떠한 것들이 있는지 확인해보아야 합니다. CHATGPT에게 원하는 답을 도출하기 위해 질문하는 방법을 안내해야 합니다. CHATGPT를 교육에 활용하기 위한 방법은 어떠한 것이 있을까요?

첫 번째는 디지털 리터러시 교육이 필요합니다. CHAT GPT가 제공하는 정보는 윤리적이지 못할 수 도 있습니다. 정확하지 않은 정보를 제공하거나 저작권을 위반할 수도 있습니다. 학생들에게 디지털 윤리를 먼저 알려주어야 하는 이유입니다. 정보의 왜곡이 존재할 수 있다는 것을 인지할 수 있도록 해야 합니다. 디지털 리터러시 교육이 필요한 이유입니다. 정보의 진위를 판별해서 습득할 수 있게하는 교육이 필요한 시점이죠.

유튜브 동영상을 보다보면 비슷한 영상이 계속 추천되는 것을 볼 수 있습니다. 이른바 '필터버블'이라고 하는건데요. 같은 성향의 영상을 보다보면 편향된 생각을 하게 될 수 있습니다. 데이터 편향성으로 인하여 인지편향이 진행되는거죠. 사고를 경직되게 만들기도 합니다. 민주적인 시민성을 길러내기 위해 이러한 인지편향이 이루어지지 않도록 미디어 리터러시 교육도 중요하게 생각해보아야 합니다.

두 번째는 정보의 정확성을 확인해야 합니다. 정확하지 않은 정보가 제공될 수 있습니다. CHATGPT에게 '세종대왕이 맥북던진 사건에 대해 알려줘'라고 요청해 보았습니다. 중국사신에게 맥북을 건네받은 세종대왕이 맥북을 던졌다는 내용의 이야기를 천연덕스럽게 이야기하더라구요. 물론 상위버젼인 GPT4에서는 시대가 달라서 정확한 질문인지를 확인해달라고 하는 답을 이야기했습니다.

CHATGPT는 변화하고 있는 현실을 반영하지는 못합니다. 2021년까지의 정보를 바탕으로 글을 구성해서 답해주고 있습니다. 검색사이트에서 검색을 통한 정보제공이 가능하도록 하는 확장프로그램을 제공하기도 합니다. 정보가 정확한지의 여부는 검색하고 요청한 사람이 직접 확인해야 합니다. 학생들이 받아들일 수 있는 정보는 왜곡된 시각에서 해석되지 않도록 필터링하는 장치가 필요합니다.

세 번째는 맞춤형 교육이 필요합니다. CHATGPT는 교사의 역할을 대신할 수 있을까요? 대신한다기보다는 일부의 영역에서 큰 도움을 받을 수 있습니다. 수업을 대체하는것이 아닌 학습의 조력형태로 활용할 수 있는겁니다. 지금까지의 교육은 평균을 매겨서 중하위권학생들을 위한 교육을 해왔습니다. 평균의 오류라고 하는건데요. 평균에 맞춘 교육은 다시 생각해보면 누구에게도 맞지않는 교육이 될 수 있습니다.

CHATGPT에게 과도한 의존을 하지 않도록 하는 것이 필요합니다. 학습을 하는 역량이 약화될 수 있기 때문입니다. 미래교육은 자기주도적 학습을 강조되고 있습니다. 개개인의 요구와 학습자 수준에 맞춘 맞춤형 교육이 될 수 있도록 지원합니다. 학습자 스스로 정보를 선택하고 설계한 과정으로 교육이 이루어질 수 있도록 합니다. CHATGPT에게 정확한 질문으로 원하는 답을 얻을 수 있도록 안내해야 하구요.

CHATGPT를 교육에 활용하기 위한 방법을 알아보았습니다. 원하는 답을 얻기위한 질문하는 방법을 안내해야 하구요. 데이터가 편향되지 않도록 디지털 리터러시 교육이 필요한 시점입니다. 정보의 정확성 여부도 파악해야 하구요. 앞으로의 교육의 평균의 오류를 개선해야 합니다. 학습자의 수준과 요구에 맞춘 맞춤형 교육을 지원해야 하구요. 자기주도적 학습이 가능하도록 지원하는 과정이 필요합니다.

CHATGPT시대에 생활지도 베테랑 교사가 될 수 있는 내용이 되었길 바랍니다. 끝.